Doces

ADMINISTRAÇÃO REGIONAL DO SENAC NO ESTADO DE SÃO PAULO

Presidente do Conselho Regional: Abram Szajman
Diretor do Departamento Regional: Luiz Francisco de A. Salgado
Superintendente Universitário e de Desenvolvimento: Luiz Carlos Dourado

EDITORA SENAC SÃO PAULO

Conselho Editorial: Luiz Francisco de A. Salgado
Luiz Carlos Dourado
Darcio Sayad Maia
Lucila Mara Sbrana Sciotti
Luís Américo Tousi Botelho

Gerente/Publisher: Luís Américo Tousi Botelho
Coordenação Editorial/Prospecção: Dolores Crisci Manzano e Ricardo Diana
Administrativo: grupoedsadministrativo@sp.senac.br
Comercial: comercial@editorasenacsp.com.br

Tradução: Global Translation
Revisão de Texto: Maria Luiza Momesso Paulino
Adaptação: Aline Maria Terrassi Leitão
Diagramação: Manon Bourgeade

Título original
Maison fondée en 1862
LADURÉE
Fabricant de douceurs
Paris
Sucré

Éditions du Chêne – Hachette Livre

Gerente Editorial/Publisher: Valérie Tognali/Cécile Beaucourt
Direção Artística: Sabine Houplain
Design Gráfico e Produção: Marie-Paule Jaulme
Revisão do Francês: Anne de Bergh e Joyce Briand
Produção: Amandine Sevestre
Textos: Philippe Andrieu
Fotografias: Sophie Tramier
Food Design: Christèle Ageorges
Fotogravura: Couleurs d'image
www.editionsduchene.fr

Impresso na China

Todos os direitos desta edição reservados à
Editora Senac São Paulo
Rua 24 de Maio, 208 – 3º andar – Centro – CEP 01041-000
Caixa Postal 1120 – CEP 01032-970 – São Paulo – SP
Tel. (11) 2187-4450 – Fax (11) 2187-4486
E-mail: editora@sp.senac.br
Home page: https://www.editorasenacsp.com.br

© Edição brasileira: Editora Senac São Paulo, 2022
Edição original © Hachette Livre – (Le Chêne), 2009

Dados Internacionais de Catalogação na Publicação (CIP)
(Simone M. P. Vieira – CRB 8ª/4771)

Andrieu, Philippe
  Doces / chef confeiteiro Philippe Andrieu; fotografias Sophie Tramier; food design Christèle Ageorges. – São Paulo : Editora Senac São Paulo, 2022.

  Título original: *Sucré*
  ISBN 978-85-396-3739-3 (impresso/2022)

  1. Açúcar como alimento – História 2. Doces – História 3. Gastronomia – História I. Tramier, Sophie. II. Ageorges, Christèle. III. Título.

22-1713t	CDD – 641
	641.865
	BISAC CKB101000
	CKB062000

Índices para catálogo sistemático:

1. Doces: Gastronomia: História   641
2. Confeitaria: Receitas   641.865

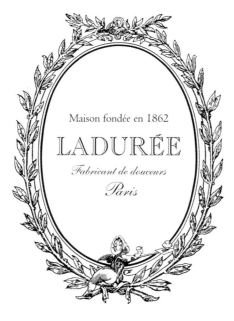

Doces

CHEF CONFEITEIRO: PHILIPPE ANDRIEU
FOTOGRAFIAS: SOPHIE TRAMIER
DESIGN: CHRISTÈLE AGEORGES

A HISTÓRIA DA LADURÉE

A bela história da Maison Ladurée começa em 1862, quando Louis Ernest Ladurée abre uma padaria em pleno coração de Paris, no número 16 da rua Royale.

Naquela época, La Madeleine era um bairro comercial em plena ascensão, onde os grandes artesãos do luxo francês haviam se estabelecido.

Foi em 1872, depois de um incêndio, que a pequena padaria se transformou em doceria. A decoração foi então confiada a Jules Cheret, famoso pintor e desenhista da época.

No início do último século, Jeanne Souchard, a esposa de Ernest Ladurée, teve a ideia de combinar dois gêneros: o café parisiense e a doceria. Assim teve origem uma das primeiras casas de chá parisienses.

Em 1993 essa bela adormecida foi assumida por Francis Holder e David Holder, fundador do grupo Holder.

A casa se tornou uma verdadeira instituição em 1997 com a abertura do restaurante - casa de chá Ladurée Champs Élysées, decorada por Jacques Garcia, um dos marcos da gastronomia parisiense.

A seguir houve o Grand Magasin du Printemps, depois a abertura da Salon Rive Gauche e a estreia da aventura internacional com inaugurações em Londres, Genebra e Tóquio.

Em 15 anos, David Holder restituiu à Ladurée todos os seus traços de nobreza e conferiu-lhe uma notoriedade internacional graças ao seu célebre macaron.

Ladurée é um tributo à gastronomia, onde cada momento de criação é vivido intensamente.

Philippe Andrieu, Chef confeiteiro da casa, cria, duas vezes ao ano, no ritmo das estações e acompanhando as coleções da moda, os novos sabores para os digníssimos e santificados macarons...

A paleta de cores desses doces é tão elaborada quanto a dos sabores. O rosa antigo, o verde pastel e o lilás constituem um efeito essencial à sedução e são a assinatura das criações Ladurée.

O principal objetivo da Ladurée é realizar coisas belas para conferir às suas inúmeras lojas e criações uma personalidade forte, marcada pela arte de viver à francesa, longe das tendências gastronômicas e do design culinário, mas nas quais o bom e o belo se encontram para formar sempre uma excelente combinação.

·●●●·

Sumário

A história da Ladurée
PÁGINA 4

OS MACARONS
PÁGINA 10

OS PETITS FOURS
PÁGINA 28

AS SOBREMESAS GELADAS E FRUTADAS
PÁGINA 66

AS TORTAS
PÁGINA 102

OS ACOMPANHAMENTOS E AS VERRINES
PÁGINA 140

OS BOLOS
PÁGINA 182

OS PÃES DOCES
PÁGINA 226

OS BOLOS PARA CAFÉ DA TARDE E DOÇURA
S PÁGINA 270

OS BISCOITINHOS
PÁGINA 316

AS BEBIDAS
PÁGINA 344

AS RECEITAS DE BASE
PÁGINA 354

Índice de receitas
PÁGINA 386

Philippe Andrieu, Chef Confeiteiro
PÁGINA 388

Agradecimentos
PÁGINA 389

Glossário
PÁGINA 391

Os macarons

Para aprox. 50 macarons   *Preparação: 2h*   *Cozimento: 12 a 15min*   *Repouso: no mínimo 12h*

Macarons de amêndoas

Bolachas dos macarons
275g de farinha de amêndoas
250g de açúcar de confeiteiro
6 claras
+ 1/2 clara
210g de açúcar semoule
100g de amêndoas picadas

Recheio de amêndoas
150g de manteiga
320g de marzipã com 65% de amêndoas
120g de polpa de amêndoas sem açúcar
80ml de creme de leite fresco

Material
Um saco de confeiteiro com um bico redondo de 10mm

As bolachas dos macarons

1 ••• Misture a farinha de amêndoas e o açúcar de confeiteiro no processador para obter um pó fino. Peneire.

2 ••• Bata as 6 claras em neve. Quando estiver bem espumante, acrescente 1/3 do açúcar semoule, continue a bater para dissolver o açúcar; acrescente mais 1/3 do açúcar semoule, bata por aproximadamente 1 minuto. Por fim, acrescente o restante do açúcar e bata novamente por mais 1 minuto. Com a ajuda de uma espátula flexível, incorpore delicadamente as claras em neve à mistura peneirada de farinha de amêndoas e de açúcar de confeiteiro. Acrescente, então, a meia clara previamente batida em uma tigela. Misture a massa, de maneira que ela se incorpore e amoleça com facilidade.

3 ••• Com a ajuda do saco de confeiteiro com bico, disponha os pequenos macarons com 3 a 4cm de diâmetro sobre uma assadeira forrada com uma folha de papel-manteiga. Dê leves pancadinhas na assadeira para que os macarons terminem de se acomodar. Salpique as amêndoas picadas. Preaqueça o forno a 150°C.
Deixe os macarons descansarem ao ar livre por 10 minutos antes de levar ao forno. Asse por aproximadamente 15 minutos, até que se crie uma casca.

4 ••• Retire do forno e despeje um pouco de água entre a assadeira e o papel-manteiga (levante o papel delicadamente pelas pontas). A umidade e o vapor produzidos pela água sobre a assadeira quente permitirão desgrudar os macarons mais facilmente quando esfriarem. Deixe esfriar.
Agora, desgrude a metade das casquinhas e deposite as partes de cima e as partes de baixo sobre uma travessa.

O RECHEIO DE AMÊNDOAS

5 ••• Corte a manteiga em pedaços pequenos. Coloque-os em uma tigela e amoleça-os no microondas ou em banho-maria sem deixar derreter, apenas para obter uma consistência pastosa.
Em uma vasilha, desmanche o marzipã com a polpa. A seguir, acrescente o creme de leite frio e, por fim, a manteiga pastosa. Bata rapidamente usando um fouet elétrico com espátulas para emulsificar bem a mistura.

Macarons de amêndoas

6 ••• Com a ajuda do saco de confeiteiro com bico, recheie as casquinhas já desgrudadas com uma bolinha de creme de amêndoas do tamanho de uma noz e cubra com outra casquinha.
Conserve os macarons por 12 horas na geladeira antes de degustá-los.

Conselhos do Chef
Pode ser que, por várias razões, os seus macarons rachem na parte de cima. Isso pode acontecer devido aos ingredientes, ao forno, ou à maneira de misturar. Qualquer que seja a razão, não desanime! E tenha certeza: rachados ou não, os macarons são uma delícia. Com experiência, você será capaz de fazê-los lisinhos.

É altamente recomendado deixar os macarons passarem uma noite na geladeira. Durante esse tempo ocorre uma osmose entre os diferentes componentes, o que desenvolve e refina o gosto e a textura.

Para aprox. 50 macarons   Preparação: 2h   Cozimento: 12 a 15min   Repouso: no mínimo 14h

Macarons de chocolate

Ganache de chocolate
290g de chocolate com no mínimo 70% de cacau
270g de creme de leite fresco
60g de manteiga

Bolachas dos macarons
260g de farinha de amêndoas
250g de açúcar de confeiteiro
15g de cacau em pó sem açúcar

65g de chocolate derretido com no mínimo 70% de cacau
6 claras
+ 1/2 clara
210g de açúcar semoule

MATERIAL
Um saco de confeiteiro com um bico redondo de 10mm

O GANACHE DE CHOCOLATE

1 ••• Prepare o ganache. Sobre uma tábua, pique o chocolate em pedaços bem pequenos e coloque-os em uma vasilha. Em uma panela, coloque o creme para ferver e despeje-o em 3 etapas sobre o chocolate picado, misturando-o com ajuda de uma espátula de madeira, a cada etapa, para homogeneizar a mistura.

Corte a manteiga em pedaços pequenos e incorpore-os ao ganache até obter uma consistência bem lisa. Despeje em um refratário e cubra com papel-filme em contato com o ganache.

Deixe o ganache esfriar à temperatura ambiente e depois coloque durante 1 hora na geladeira até que ele tenha a consistência pastosa.

As bolachas dos macarons

2 ••• Misture a farinha de amêndoas, o açúcar de confeiteiro e o cacau em pó na batedeira para obter um pó fino. Peneire.
Coloque o chocolate para derreter em banho-maria ou no microondas para que ele fique morno (aproximadamente 35°C).

3 ••• Bata as 6 claras em neve. Quando estiver bem espumante, acrescente 1/3 do açúcar semoule e continue a bater para dissolver o açúcar. Acrescente mais 1/3 do açúcar semoule, bata por aproximadamente 1 minuto. Por fim, acrescente o restante do açúcar e bata novamente por mais 1 minuto.
Despeje o chocolate sobre as claras em neve. Misture um pouco, usando uma espátula flexível, e incorpore à farinha de amêndoas com o açúcar de confeiteiro e o cacau peneirados. Acrescente, então, a meia clara previamente batida em uma tigela. Misture a massa de maneira que ela se incorpore e amoleça com facilidade.

4 ••• Com a ajuda do saco de confeiteiro com bico, disponha os pequenos macarons com 3 a 4cm de diâmetro sobre uma assadeira forrada com uma folha de papel-manteiga. Dê leves pancadinhas na assadeira para que os macarons terminem de se acomodar.
Preaqueça o forno a 150°C.
Deixe os macarons descansarem ao ar livre por 10 minutos antes de levar ao forno. Asse por aproximadamente 15 minutos, até que se crie uma casca.

5 ••• Retire do forno e despeje um pouco de água entre a assadeira e o papel-manteiga (levante o papel delicadamente pelas pontas). A umidade e o vapor produzidos pela água sobre a assadeira quente permitirão desgrudar os macarons mais facilmente quando esfriarem. Deixe esfriar. Agora, desgrude a metade das casquinhas e deposite as partes de cima e as partes de baixo sobre uma travessa.

6 ••• Quando o ganache estiver com uma consistência pastosa, despeje-o no saco de confeiteiro com bico e recheie as casquinhas já desgrudadas com uma bolinha do tamanho de uma noz e cubra com outra casquinha. Conserve os macarons por 12 horas na geladeira antes de degustá-los.

Conselhos do Chef

Pode ser que, por várias razões, os seus macarons rachem na parte de cima. Isso pode acontecer devido aos ingredientes, ao forno, ou à maneira de misturar. Qualquer que seja a razão, não desanime! E tenha certeza: rachados ou não, os macarons são uma delícia. Com experiência, você será capaz de fazê-los lisinhos.

É altamente recomendado deixar os macarons passarem uma noite na geladeira. Durante esse tempo ocorre uma osmose entre os diferentes componentes, o que desenvolve e refina o gosto e a textura.

Para aprox. 50 macarons *Preparação: 2h 30* *Cozimento: 12 a 15min* *Repouso: 24h*

Macarons de limão

Creme de limão
160g de açúcar semoule
Raspas de um limão-siciliano (5g)
5g de amido de milho
3 ovos inteiros
110g de suco de limão-siciliano
235g de manteiga

Bolachas dos macarons
275g de farinha de amêndoas
250g de açúcar de confeiteiro
6 claras + 1/2 clara
210g de açúcar semoule

Algumas gotas de corante alimentício amarelo

MATERIAL
Um saco de confeiteiro com um bico redondo de 10mm

O CREME DE LIMÃO

1. ••• Prepare o creme de limão na véspera.
   Em uma tigela, misture o açúcar e as raspas de limão-siciliano. Adicione o amido de milho e a seguir os ovos e o suco de limão-siciliano.
   Em uma panela, mexendo com uma espátula, cozinhe em fogo brando até ferver, para que o creme engrosse bem.

2. ••• Retire o creme do fogo. Espere cerca de 10 minutos para que pare de borbulhar e, ainda quente (60°C), adicione a manteiga amolecida. Misture tudo para que a manteiga se incorpore ao creme e que ele fique bem homogêneo.
   Reserve em um recipiente hermeticamente fechado em local fresco, por no mínimo 12 horas, para que o creme endureça.

As bolachas dos macarons

3 ••• Misture a farinha de amêndoas e o açúcar de confeiteiro na batedeira para obter um pó fino. Peneire.

4 ••• Bata as 6 claras em neve. Quando estiver bem espumante, acrescente 1/3 do açúcar semoule e continue a bater para dissolver o açúcar. Acrescente mais 1/3 do açúcar semoule, bata por aproximadamente 1 minuto; por fim, acrescente o restante do açúcar e bata novamente por mais 1 minuto.
Com a ajuda de uma espátula flexível, incorpore delicadamente as claras em neve à mistura peneirada de farinha de amêndoas e de açúcar de confeiteiro. Use algumas gotas de corante para colorir a gosto e adicione a meia clara previamente batida em uma tigela. Misture a massa um pouco, de maneira que ela se incorpore e amoleça com facilidade.

5 ••• Com a ajuda do saco de confeiteiro com bico, disponha os pequenos macarons com 3 a 4cm de diâmetro sobre uma assadeira forrada com uma folha de papel-manteiga. Dê leves pancadinhas na assadeira para que os macarons terminem de se acomodar.
Preaqueça o forno a 150°C.
Deixe os macarons descansarem ao ar livre por 10 minutos antes de levar ao forno. Asse por aproximadamente 15 minutos, até que se crie uma casca.

6 ••• Retire do forno e despeje um pouco de água entre a assadeira e o papel-manteiga (levante o papel delicadamente pelas pontas). A umidade e o vapor produzidos pela água sobre a assadeira quente permitirão desgrudar os macarons mais facilmente quando esfriarem. Deixe esfriar.
Agora, desgrude a metade das casquinhas e deposite as partes de cima e as partes de baixo sobre uma travessa.

7 ••• Com ajuda do saco de confeiteiro com bico, recheie as casquinhas já desgrudadas com uma bolinha de creme de limão-siciliano do tamanho de uma noz e cubra com outra casquinha.
Conserve os macarons por 12 horas na geladeira antes de degustá-los.

Conselhos do Chef
Pode ser que, por várias razões, os seus macarons rachem na parte de cima. Isso pode acontecer devido aos ingredientes, ao forno, ou à maneira de misturar. Qualquer que seja a razão, não desanime! E tenha certeza: rachados ou não, os macarons são uma delícia. Com experiência, você será capaz de fazê-los lisinhos.

É altamente recomendado deixar os macarons passarem uma noite na geladeira. Durante esse tempo ocorre uma osmose entre os diferentes componentes, que se desenvolvem e refinam o gosto e a textura.

Para aprox. 50 macarons   *Preparação: 2h*   *Cozimento: 12 a 15min*   *Repouso: no mínimo 12h*

Macarons de framboesa

Geleia de framboesas
225g de açúcar semoule
2 colheres (café) de geleificante pectina
375g de framboesas frescas
1/2 limão-siciliano

Bolachas dos macarons
275g de farinha de amêndoas
250g de açúcar de confeiteiro
6 claras + 1/2 clara
210g de açúcar semoule

Algumas gotas de corante alimentício vermelho

Material
Um saco de confeiteiro com um bico redondo de 10mm

A geleia de framboesas

1. ••• Dentro de uma tigela grande, misture o açúcar e a pectina. Coloque as framboesas em uma panela e misture-as com a ajuda de um mixer. Aqueça a polpa obtida. Depois, acrescente a mistura de açúcar e de pectina e o suco do meio limão-siciliano. Em fogo médio, leve à fervura e deixe cozinhar durante 2 minutos.

2. ••• Despeje a geleia em um recipiente grande e cubra com papel-filme. Deixe esfriar e reserve na geladeira.

As bolachas dos macarons

3. ••• Misture a farinha de amêndoas e o açúcar de confeiteiro para obter um pó fino. Peneire.

4 ••• Bata as 6 claras em neve. Quando estiver bem espumante, acrescente 1/3 do açúcar semoule e continue a bater para dissolver o açúcar. Acrescente mais 1/3 do açúcar semoule, bata por aproximadamente 1 minuto. Por fim, acrescente o restante do açúcar e bata novamente por mais 1 minuto.
Com a ajuda de uma espátula flexível, incorpore delicadamente as claras em neve à mistura peneirada de farinha de amêndoas e de açúcar de confeiteiro. Use algumas gotas de corante para colorir e adicione 1 clara previamente batida em uma tigela. Misture a massa um pouco, de maneira que ela se incorpore e amoleça com facilidade.

5 ••• Com a ajuda do saco de confeiteiro com bico, disponha os pequenos macarons com 3 a 4cm de diâmetro sobre uma assadeira forrada com uma folha de papel-manteiga. Dê leves pancadinhas na assadeira para que os macarons terminem de se acomodar.
Preaqueça o forno a 150°C.
Deixe os macarons descansarem ao ar livre por 10 minutos antes de levar ao forno. Asse por aproximadamente 15 minutos, até que se crie uma casca.

6 ••• Retire do forno e despeje um pouco de água entre a assadeira e o papel-manteiga (levante o papel delicadamente pelas pontas). A umidade e o vapor produzidos pela água sobre a assadeira quente permitirão desgrudar os macarons mais facilmente quando esfriarem. Deixe esfriar.
Agora, desgrude a metade das casquinhas e deposite as partes de cima e as partes de baixo sobre uma travessa.

Macarons de framboesa

7. Com ajuda do saco de confeiteiro com bico, recheie as casquinhas já desgrudadas com uma bolinha de geleia de framboesa e cubra com outra casquinha.
Conserve os macarons por 12 horas na geladeira antes de degustá-los.

Conselhos do Chef
Pode ser, por várias razões, que os seus macarons rachem
na parte de cima. Isso pode acontecer devido aos ingredientes, ao forno, ou
à maneira de misturar. Qualquer que seja a razão, não desanime!
E tenha certeza: rachados ou não, os macarons são uma delícia.
Com experiência, você será capaz de fazê-los lisinhos.

É altamente recomendado deixar os macarons passarem uma noite na
geladeira. Durante esse tempo ocorre uma osmose entre os diferentes
componentes, o que desenvolve e refina o gosto e a textura.

Os petits fours

Para 8 savarins   Preparação: 2h30 + receita de base   Cozimento: 25min   Repouso: 1h

Savarins

Massa de baba ao rum
12g de fermento biológico
2 colheres (sopa) de água (20g)
250g de farinha de trigo especial
1 pitada de flor de sal
15g de açúcar semoule
4 ovos inteiros
75g de manteiga
+ 20g para untar

Calda de rum envelhecido
1l de água
250g de açúcar semoule
1 limão-siciliano orgânico
1 laranja orgânica
1 fava de baunilha
120ml de rum envelhecido + 125ml para a finalização

Chantilly
325g de chantilly: ver receita de base

Frutas da estação para decorar

MATERIAL
8 formas de pudim (com 7cm de diâmetro)
Um saco de confeiteiro sem bico
Um saco de confeiteiro com um bico canelado de 10mm

A MASSA DE BABA AO RUM

1. ••· Dilua o fermento esfarelado na água em temperatura ambiente. Em uma tigela grande, coloque a farinha, o sal e o açúcar. Acrescente o fermento diluído, 2 ovos e comece a misturar com uma espátula de madeira até que a massa desgrude das bordas. Adicione 1 ovo, amasse novamente até desgrudar e faça o mesmo com o último ovo.

   Incorpore a manteiga amolecida cortada em pedaços pequenos e continue a amassar até que a massa desgrude das bordas.

2 ••• Cubra a massa com um pano úmido ou papel-filme. Espere até que ela dobre de volume (aproximadamente 1 hora) em temperatura ambiente.

3 ••• Preaqueça o forno a 170°C.
Unte as formas com manteiga.
Com ajuda do saco de confeiteiro sem bico, disponha a massa nas formas. Deixe dobrar de volume até alcançar as bordas das formas. Leve ao forno e deixe assar durante 20 minutos.

A CALDA DE RUM ENVELHECIDO

4 ••• Despeje a água e o açúcar em uma panela. Com ajuda de uma faca, tire as raspas do limão-siciliano e da laranja. Esprema-os para extrair o suco. Com uma faca, parta a fava de baunilha ao meio no sentido do comprimento e raspe o interior para extrair as sementes.
Ferva a água e o açúcar com a fava de baunilha, as sementes, os sucos e as raspas de laranja e de limão-siciliano. Retire do fogo, coe e adicione o rum.

Conselho do Chef
Se você tiver uma batedeira do tipo planetária, coloque o batedor em forma de gancho para preparar a massa. Você também pode fazer a massa em um processador de alimentos.

5 ••• Em um refratário fundo, mergulhe os savarins completamente na calda até que eles fiquem bem encharcados.
Coloque uma grelha sobre uma travessa grande e deposite os savarins em cima. Reaqueça a calda restante e regue os bolinhos com a calda bem quente várias vezes. Deixe esfriar.

A FINALIZAÇÃO

6 ••• Coloque os savarins em um prato de apresentação e regue-os generosamente com o rum envelhecido.
Usando o saco de confeiteiro com bico canelado, cubra os bolinhos com chantilly. Decore-os com frutas da estação.

Para 8 barquetes   *Preparação: 2h + receitas de base*   *Cozimento: 30min*   *Repouso: 1h30*

Barquetes de castanhas portuguesas

Recheios de barquetes com pasta doce de amêndoas
200g de massa:
ver receita de base
25g de manteiga
para untar
20g de farinha
para trabalhar a massa

Creme de amêndoas
150g de creme de amêndoas:
ver receita de base

Creme de castanhas portuguesas
100g de manteiga
200g de pasta de castanhas portuguesas
1 colher (sopa) de rum escuro
40ml de creme de leite fresco

Montagem
2 colheres (sopa) de rum escuro
80g de castanhas portuguesas em lascas

Glacê de chocolate ao leite
125g de chocolate ao leite
75g de creme de leite fresco

MATERIAL
Formas para barquete de 9cm de comprimento e 4cm de largura
Um saco de confeiteiro com um bico redondo de 10mm
Um saco de confeiteiro com um bico canelado de 3mm
Um pincel

OS FUNDOS DAS BARQUETES COM PASTA DOCE DE AMÊNDOAS

1 ••• Prepare a massa na véspera (receita de base).
No dia seguinte, em uma panela pequena, aqueça a manteiga em fogo brando e, com a ajuda de um pincel, unte as formas com manteiga. Reserve-as na geladeira.

2 ••• Enquanto isso, sobre uma superfície enfarinhada, abra a massa até ficar com 2 milímetros de espessura. Encha as formas com um pedaço de massa enfarinhada e aperte-a para que ela possa aderir bem às paredes da forma. Depois, corte o excesso passando o rolo de macarrão sobre as bordas.
Deixe a massa descansar durante 1 hora ao ar livre.

O CREME DE AMÊNDOAS

3 ••• Preaqueça o forno a 170°C.
Prepare o creme de amêndoas (receita de base).
Com ajuda do saco de confeiteiro com o bico de 10 milímetros, recheie as barquetes com creme de amêndoas até 2 milímetros abaixo da borda da massa.
Leve ao forno e deixe assar por aproximadamente 30 minutos até obter uma bela cor dourada. Retire do forno, deixe esfriar e desenforme.

O CREME DE CASTANHAS PORTUGUESAS

4 ••• Corte a manteiga em pedaços pequenos. Coloque-os em uma tigela e amoleça-os no microondas ou em banho-maria sem deixar derreter, apenas para obter a consistência pastosa.
Em uma vasilha, misture a massa de castanhas portuguesas para homogeneizar. Acrescente o rum e a manteiga pastosa. Bata bastante, usando um fouet elétrico com espátulas, para emulsificar bem a mistura.
Em seguida, despeje todo o creme de leite e continue a misturar.
Agora prossiga com a montagem.

A MONTAGEM

5 ••• Com a ajuda de um pincel, embeba levemente com rum a superfície ainda quente do creme de amêndoas. Usando uma espátula de confeiteiro, coloque um pouco de creme de castanhas portuguesas e depois 3 a 4 lascas de marrons-glacês. Por fim, cubra com creme de castanhas portuguesas e faça uma fenda acentuada em cima.

Coloque durante 30 minutos no congelador.

O GLACÊ DE CHOCOLATE AO LEITE

6 ••• Sobre uma tábua, pique o chocolate.

Dentro de uma panela, coloque o creme de leite para ferver e despeje sobre o chocolate. Misture cuidadosamente. Depois de deixar esfriar, cubra as barquetes com uma espátula.

Usando o saco de confeiteiro com o bico canelado, decore as fendas com um fio de creme de castanhas portuguesas.

Para 10 bombas Preparação: 1h 15 + receitas de base Cozimento: 40min Repouso: 2h

Bombas de baunilha

Amanteigado crocante para as bombas
100g de manteiga + 20g para untar
125g de farinha de trigo especial
125g de açúcar semoule
1 pitada de baunilha em pó

Creme de confeiteiro aerado
600g de creme de confeiteiro: ver receita de base
125g de creme de leite fresco

Bombas
Massa choux: ver receita de base
20g de manteiga para untar

Açúcar de confeiteiro para a finalização

Material
Um saco de confeiteiro com um bico redondo de 10mm
Um saco de confeiteiro com um bico redondo de 8mm

O amanteigado crocante para bombas

1. ••• Corte a manteiga bem fria em pedaços pequenos. Em uma vasilha, misture a farinha, o açúcar, a baunilha e a manteiga até formar uma massa homogênea. Se você possui uma batedeira, faça essa operação utilizando o batedor tipo "folha". Reserve em local fresco por 1 hora.

2. ••• Abra a massa delicadamente com um rolo entre duas folhas de papel-manteiga até que ela fique com 1 milímetro de espessura.
Coloque-a sobre uma assadeira por 1 hora, na geladeira ou no congelador, para endurecer. Retire a folha superior e corte fatias retangulares de 2 centímetros de largura e 12 centímetros de comprimento.
Conserve em local fresco sobre a assadeira forrada com a folha de papel-manteiga: dessa forma, você consegue soltar as fatias mais facilmente para colocá-las sobre as bombas.

O CREME DE CONFEITEIRO

3 ••• Prepare o creme de confeiteiro (receita de base) e reserve em local fresco.

AS BOMBAS

4 ••• Prepare a massa choux (receita de base).
Preaqueça o forno a 180°C.
Sobre uma assadeira aquecida no forno e untada com manteiga, faça tiras de massa de 12 centímetros de comprimento com ajuda do saco de confeiteiro com o bico de 10 milímetros.
Sobre cada uma coloque uma fatia de amanteigado crocante.

5 ••• Leve as bombas ao forno. Por volta de 8 a 10 minutos, quando a massa começar a crescer, abra um pouco a porta do forno, de 2 a 3 milímetros, para deixar o vapor sair. Deixe assar com a porta entreaberta até ficar dourado, por aproximadamente 30 minutos.
Retire as bombas do forno e deixe-as esfriar sobre uma grelha.

O CREME DE CONFEITEIRO AERADO

6 ••• Conserve o creme de leite na geladeira até a hora de usar. Coloque uma bacia semiesférica no congelador para que ela fique bem gelada. Despeje o creme dentro da bacia e bata bastante, até que ele engrosse e fique com uma consistência firme.
Bata o creme de confeiteiro resfriado com o fouet. Adicione delicadamente o chantilly usando uma espátula flexível.

O RECHEIO

7 ••• Usando o bico de 8 milímetros sem o saco de confeiteiro, faça três aberturas na base das bombas, uma no meio e as outras duas a uma distância de 2 centímetros de cada extremidade. As fatias de amanteigado ficam por cima.
Usando o saco de confeiteiro com o bico de 8 milímetros, recheie as bombas já frias com o creme de confeiteiro. Polvilhe o açúcar de confeiteiro.

Para 10 bombas   Preparação: 1h 15 + receitas de base   Cozimento: 40min

Bombas de chocolate

Bombas
Massa choux: ver receita de base
20g de manteiga para untar

Creme de confeiteiro de chocolate
450g de creme de confeiteiro: ver receita de base
120g de chocolate com 70 % de cacau
200ml de leite

Fondant de chocolate
200g de fondant de confeiteiro (branco)
70g de chocolate com 80% de cacau
3 colheres (café) de água
60g de açúcar

MATERIAL
Um saco de confeiteiro com um bico redondo de 10mm
Um saco de confeiteiro com um bico redondo de 8mm

O CREME DE CONFEITEIRO

1. ••• Prepare o creme de confeiteiro (receita de base) e reserve em local fresco.

AS BOMBAS

2. ••• Prepare a massa choux (receita de base).
Preaqueça o forno a 180°C.
Sobre uma assadeira aquecida no forno e untada com manteiga, faça tiras de massa de 12 centímetros de comprimento com ajuda do saco de confeiteiro com o bico de 10 milímetros.

3. ••• Leve as bombas ao forno. Por volta de 8 a 10 minutos, quando a massa começar a crescer, abra um pouco a porta do forno, de 2 a 3 milímetros, para deixar o vapor sair. Deixe assar com a porta entreaberta até ficar dourado, por aproximadamente 30 minutos.
Retire as bombas do forno e deixe-as esfriar sobre uma grelha.

O CREME DE CONFEITEIRO DE CHOCOLATE

4 ••• Retire o creme de confeiteiro da geladeira, despeje-o em uma vasilha e alise-o.

Sobre uma tábua, pique o chocolate e coloque-o em uma tigela grande. Dentro de uma panela, coloque o creme para ferver e depois despeje sobre o chocolate. Mexa. Com a ajuda de um fouet, mexa novamente o creme de confeiteiro e incorpore a mistura de leite com chocolate (ganache) até obter uma massa homogênea.

Reserve na geladeira durante 30 minutos para que o creme endureça.

O RECHEIO

5 ••• Usando o bico de 8 milímetros sem o saco de confeiteiro, faça três aberturas na base das bombas, uma no meio e as outras duas a uma distância de 2 centímetros de cada extremidade.

Usando o saco de confeiteiro com o bico de 8 milímetros, recheie as bombas já frias com o creme de chocolate.

O FONDANT DE CHOCOLATE

6 ••• Coloque o fondant dentro de um recipiente em banho-maria para amolecer, mexendo de vez em quando.

Enquanto isso, sobre uma tábua, pique o chocolate.

Enquanto o fondant estiver quente, retire-o do banho-maria e adicione o chocolate derretido.

Em uma panela, ferva a água com açúcar para fazer uma calda.

Misture então o chocolate derretido ao fondant amolecido e depois a calda.

Mergulhe a parte de cima das bombas nessa mistura e deixe esfriar.

Conselho do Chef

Prepare suas bombas antecipadamente para que possa haver uma osmose entre a massa e o creme de confeiteiro.

Para 25 a 30 profiteroles   *Preparação: 1h15 + receitas de base*   *Cozimento: 40min*

Profiteroles de rosas

Profiterole
Massa choux:
ver receita de base
20g de manteiga
para untar

Creme de confeiteiro de rosas
400g de creme de confeiteiro: ver receita de base
1 colher (sopa) de água de rosas
2 colheres (sopa) de xarope de rosas
3 gotas de óleo essencial natural de rosas

Fondant de rosas
80g de chocolate branco
200g de fondant de confeiteiro (branco)
5 colheres (sopa) de xarope de rosas
4 gotas de óleo essencial natural de rosas
Algumas gotas de corante vermelho

25 a 30 framboesas para decorar

MATERIAL
Um saco de confeiteiro com um bico redondo de 10mm
Um saco de confeiteiro com um bico redondo de 8mm

O CREME DE CONFEITEIRO

1. Prepare o creme de confeiteiro (receita de base) e reserve em local fresco.

OS PROFITEROLES

2. Prepare a massa choux (receita de base).
Preaqueça o forno a 180°C.
Sobre uma assadeira aquecida no forno e untada com manteiga, faça profiteroles de 4 centímetros de diâmetro com ajuda do saco de confeiteiro com o bico de 10 milímetros.

3 ••• Leve os profiteroles ao forno e asse-os a 180°C. Por volta de 8 a 10 minutos, quando a massa começar a crescer, abra um pouco a porta do forno, de 2 a 3 milímetros, para deixar o vapor sair. Deixe assar com a porta entreaberta até ficar dourado, por aproximadamente 30 minutos.

Retire os profiteroles do forno e deixe-os esfriar sobre uma grelha.

Creme de confeiteiro de rosas

4 ••• Retire o creme de confeiteiro da geladeira. Bata com um fouet e acrescente a água de rosas, o xarope e o óleo essencial.

O recheio

5 ••• Com a ajuda do bico de 8 milímetros sem o saco de confeiteiro, faça uma abertura na parte de baixo dos profiteroles.

Usando o saco de confeiteiro com o bico de 8 milímetros, recheie os profiteroles já frios com o creme de rosas

O fondant de rosas

6 ••• Derreta o chocolate branco em banho-maria ou no microondas em potência média. Em uma panela, misture o fondant com o xarope e o óleo essencial, e acrescente o chocolate branco derretido. Acrescente à vontade algumas gotas de corante alimentício.

Mergulhe a parte de cima dos profiteroles na mistura e depois decore com uma framboesa. Deixe endurecer e conserve na geladeira.

Para 25 minissalambos   *Preparação: 1h 15 + receitas de base*   *Cozimento: 40min*

Salambos de pistache

Salambos
Massa choux:
ver receita de base
20g de manteiga
para untar

Creme de confeiteiro de pistaches
400g de creme de confeiteiro: ver receita de base
25g de pasta de pistaches

Fondant de pistaches
200g de fondant de confeiteiro (branco)
1 colher (sopa) de água
30g de pasta de pistaches
80g de chocolate branco

Pistaches para decorar

MATERIAL
Um saco de confeiteiro com um bico redondo de 10mm
Um saco de confeiteiro com um bico redondo de 8mm

O CREME DE CONFEITEIRO

1. ••• Prepare o creme de confeiteiro (receita de base) e reserve em local fresco.

OS SALAMBOS

2. ••• Prepare a massa choux (receita de base).
Preaqueça o forno a 180°C.
Sobre uma assadeira aquecida no forno e untada com manteiga, faça pequenas tiras de massa de 6 centímetros de comprimento com ajuda do saco de confeiteiro com o bico de 10 milímetros.

3 ••• Leve ao forno os salambos e asse-os a 180°C. Por volta de 8 a 10 minutos, quando a massa começar a crescer, abra um pouco a porta do forno, de 2 a 3 milímetros, para deixar o vapor sair.
Deixe assar com a porta entreaberta até ficar dourado, por aproximadamente 30 minutos.
Retire os salambos do forno e deixe-os esfriar sobre uma grelha.

O CREME DE CONFEITEIRO DE PISTACHES

4 ••• Retire o creme de confeiteiro da geladeira. Bata com um fouet para incorporar a pasta de pistaches.

O RECHEIO

5 ••• Com a ajuda do bico de 8 milímetros sem o saco de confeiteiro, faça uma abertura na parte de baixo dos salambos.
Usando o saco de confeiteiro com o bico de 8 milímetros, recheie os salambos já frios com o creme de pistache.

O FONDANT DE PISTACHES

6 ••• Em uma panela, aqueça o fondant com a água, acrescente a pasta de pistaches e por fim o chocolate branco derretido. Mergulhe a parte de cima dos profiteroles na mistura e decore com um pistache. Deixe endurecer e conserve na geladeira.

Conselho do Chef
Se a pasta de pistaches não der cor suficiente ao fondant, você pode adicionar 2 a 3 gotas de corante alimentício verde.

Para 8 mil-folhas individuais   *Preparação: 2h*   *Cozimento: 45min*

Mil-folhas de morango ou framboesa

Massa folhada caramelizada
Ver receita de base

Creme mousseline de baunilha
125g de manteiga
1 fava de baunilha
250ml de leite
2 gemas

75g de açúcar semoule
25g de amido de milho

500g de morangos ou framboesas

Material
Um saco de confeiteiro com um bico redondo de 10mm

A MASSA FOLHADA CARAMELIZADA

1 ••• Prepare a massa para obter 24 retângulos de massa folhada caramelizada de 9 centímetros por 5.

O CREME MOUSSELINE DE BAUNILHA

2 ••• Retire a manteiga da geladeira para deixá-la amolecer.
Com uma faca, parta a fava de baunilha ao meio no sentido do comprimento e raspe o interior para extrair as sementes. Despeje o leite em uma panela, acrescente a fava e as sementes e leve à fervura. Retire do fogo, cubra imediatamente e deixe em infusão durante 15 minutos.

3 ••• Em uma vasilha, bata as gemas e o açúcar até que a mistura fique levemente esbranquiçada. Adicione o amido de milho.
Retire a fava de baunilha do leite e coloque o leite novamente para esquentar até levantar fervura. Despeje 1/3 da mistura de gemas, açúcar,

•••

amido de milho e misture usando um fouet. Despeje o líquido dentro da panela e leve à fervura mexendo com o fouet. Tome o cuidado de raspar as paredes da panela.

4 ••• Retire o creme do fogo, deixe-o esfriar por 10 minutos para que ele pare de borbulhar, mas continue quente. Depois, adicione metade da manteiga. Despeje o creme em um refratário, cubra com papel-filme e deixe esfriar.

5 ••• Enquanto isso, lave os morangos antes de tirar as folhas e os cabos e depois seque-os com um pano de prato. Corte-os na metade e reserve.

A FINALIZAÇÃO COM O CREME MOUSSELINE DE BAUNILHA E A MONTAGEM

6 ••• Corte 24 retângulos de massa folhada de 9 centímetros por 5.
Agora, o creme mousseline já deve ter chegado à temperatura ambiente. Se ele ainda estiver um pouco quente, coloque-o durante 10 minutos na geladeira para terminar de esfriar.
Em uma vasilha, bata com uma batedeira elétrica para obter uma consistência lisa, depois adicione a outra metade da manteiga e bata novamente para emulsificar e homogeneizar o creme.

7 ••• Usando o saco de confeiteiro com o bico redondo, recheie 8 retângulos de massa folhada com o creme mousseline. Espalhe as frutas, cubra com creme e coloque a segunda camada de retângulos. Repita as operações. Reserve em local fresco.
Sirva as mil-folhas acompanhadas de calda e sorvete ou de chantilly.

Para 12 deleites gastronômicos *Preparação: 1h15 + receitas de base* *Cozimento: 40min*

Deleites gastronômicos

Profiteroles
Massa choux:
ver receita de base
20g de manteiga
para untar
100g de amêndoas
picadas

Creme de baunilha
500g de creme
de confeiteiro: ver
receita de base
100g de creme de
leite fresco

Chantilly
300g de chantilly: ver
receita de base

750g de morangos (ou
500g de framboesas)

20g de açúcar de
confeiteiro para decorar

Material
Um saco de confeiteiro
com um bico redondo
de 14mm

Um saco de confeiteiro
com um bico redondo
de 8mm

Um saco de confeiteiro
com um bico canelado
de 10mm

O creme de confeiteiro
1. ••• Prepare o creme de confeiteiro (receita de base) e reserve em local fresco.

Os profiteroles
2. ••• Prepare a massa choux (receita de base).
Preaqueça o forno a 180°C.
Sobre uma assadeira aquecida no forno e untada com manteiga, usando o saco de confeiteiro com bico de 14 milímetros, faça profiteroles grandes com formato oval de 8 centímetros de comprimento. Salpique um pouco de amêndoas picadas por cima.

3 ••• Leve os deleites gastronômicos ao forno e asse a 180°C. Por volta de 8 a 10 minutos, quando a massa começar a crescer, abra um pouco a porta do forno, de 2 a 3 milímetros, para deixar o vapor sair. Deixe assar com a porta entreaberta até ficar dourado, por aproximadamente 30 minutos. Retire os deleites gastronômicos do forno e deixe-os esfriar sobre uma grelha.

O CREME DE BAUNILHA

4 ••• Conserve o creme de leite na geladeira até a hora de usar. Coloque uma bacia semiesférica no congelador para ficar bem gelada. Despeje o creme dentro da bacia e bata bastante até que ele engrosse e fique com uma consistência firme.
Bata o creme de confeiteiro resfriado com o fouet e depois adicione delicadamente o chantilly, usando uma espátula flexível.

O RECHEIO

5 ••• Coloque uma bacia semiesférica no congelador para que ela congele. Despeje o creme dentro da bacia e bata bastante até que ele fique com uma consistência firme. Reserve o chantilly na geladeira.

6 ••• Enquanto isso, lave as framboesas e seque-as com um pano de prato. Retire os cabos e corte-as ao meio no sentido do comprimento.

7 ••• Corte os deleites gastronômicos horizontalmente a 2/3 da altura, de forma que se obtenha uma base e uma tampa. Recheie as bases com o creme de confeiteiro utilizando o saco de confeiteiro com o bico de 8 milímetros. A seguir, coloque as framboesas cortadas ao meio sobre o creme. Usando o saco de confeiteiro com bico canelado, aplique o chantilly.
Cubra com uma tampa de massa. Polvilhe o açúcar de confeiteiro.

Para 10 a 12 Paris-Brest individuais
Preparação: 1h 30 + receitas de base   Cozimento: 30min   Repouso: 40min

Paris-Brest individuais

Massa choux
600g de massa:
ver receita de base
70g de amêndoas
moídas

**Amêndoas
e avelãs
caramelizadas**
Ver receita do mil-
folhas pralinê
página 222

**Creme mousseline
pralinê**
Ver receita de base

Açúcar de confeiteiro
para a finalização

MATERIAL
Um saco de confeiteiro
com um bico canelado
de 14mm

A MASSA CHOUX

1. ••• Desenhe 12 círculos de 7 centímetros de diâmetro sobre uma folha de papel-manteiga e coloque em uma assadeira para ir ao forno.
Prepare a massa (receita de base).
Preaqueça o forno a 180°C.
Sobre a assadeira aquecida no forno, usando o saco de confeiteiro, faça os anéis de 7 centímetros de diâmetro, apertando um pouco a massa para aumentar a base.
Salpique as amêndoas moídas.

2. ••• Leve ao forno; por volta de 8 a 10 minutos, quando a massa começar a crescer, abra um pouco a porta do forno, de 2 a 3 milímetros, para deixar o vapor sair. Deixe assar com a porta entreaberta até ficar dourado, por aproximadamente 30 minutos. Retire os Paris-Brest do forno e deixe-os esfriar sobre uma grelha.

•••

As amêndoas e avelãs caramelizadas

3 ••• Prepare as amêndoas e avelãs (ver receita do mil-folhas pralinê na página 222).

O creme mousseline pralinê

4 ••• Prepare o creme mousseline (receita de base).

A montagem

5 ••• Corte horizontalmente a massa fria para obter uma base e uma tampa. Usando o saco de confeiteiro com bico, recheie as bases com uma fina camada de creme mousseline e salpique um pouco de amêndoas e avelãs caramelizadas e moídas. A seguir, faça dois círculos de creme, espremendo um pouco. Cubra os Paris-Brest com a tampa.

Polvilhe o açúcar de confeiteiro e reserve na geladeira.

As sobremesas geladas e frutadas

Para 750ml de sorvete   *Preparação: 1h 30*   *Repouso: 3h*

Sorvete de verbena

30g de folhas
de verbena fresca
400ml de leite

250ml de creme de
leite fresco
6 gemas
150g de açúcar semoule

MATERIAL
Uma máquina de fazer
sorvete

1 ••· Desfolhe, lave e escorra a verbena fresca. Corte as folhas em três pedaços.
Em uma panela, coloque o leite e 125ml de creme de leite para ferver. Retire do fogo. Adicione a verbena e cubra durante 20 minutos para que ocorra a infusão.

2 ••· Em uma tigela grande, bata as gemas e o açúcar até que a mistura fique levemente esbranquiçada.
Coe o leite para retirar as folhas de verbena. Volte a aquecer o leite com o creme de leite e despeje 1/3 sobre a mistura de gemas com açúcar. Mexa usando um fouet e despeje tudo na panela.

3 ••· Cozinhe a mistura em fogo brando, mexendo sem parar com uma colher de pau até que o creme engrosse. Ele não deve desgrudar da colher. Atenção: esse creme não deve ferver (o cozimento deve ser a 85°C).

4 ••• Quando o creme adquirir uma consistência bem grossa, retire-o do fogo e adicione imediatamente os 125ml de creme de leite restante para interromper o cozimento.
Despeje em uma vasilha e continue a mexer por 5 minutos para que o creme fique homogêneo.

5 ••• Despeje a mistura em uma máquina de fazer sorvete.
Quando o sorvete estiver pronto, transfira-o para uma tigela e reserve no congelador.

Conselhos do Chef
Processe o sorvete 3 horas antes de consumi-lo para que ele possa adquirir uma textura agradável. Você pode conservá-lo vários dias no congelador; nesse caso, retire-o 10 minutos antes de degustar para que amoleça.

Assim como na preparação do creme inglês: na etapa 3, se você deixar o creme cozinhar além do ponto, irá formar grumos. Na verdade, são as gemas que começam a coalhar. Para consertar, despeje o creme na batedeira e misture rapidamente até que fique homogêneo. Se você misturar demais, o creme vai se liquefazer.

Para 1 litro de sorvete   *Preparação: 1h30*   *Repouso: 3h*

Sorvete de pétalas de rosas

500ml de leite
120ml de creme de leite fresco
70ml de xarope de rosas
50ml de água de rosas
8 gemas

135g de açúcar
6 gotas de óleo essencial natural de rosas

Material
Uma máquina de fazer sorvete

1. ••• Em uma panela, ferva o leite com o creme de leite. Fora do fogo, acrescente o xarope e a água de rosas.

2. ••• Em uma tigela grande, bata as gemas e o açúcar até que a mistura fique levemente esbranquiçada. Despeje 1/3 do leite com o creme de leite sobre a mistura de gemas com açúcar, mexa com a ajuda de um fouet e depois despeje tudo na panela.

3. ••• Cozinhe em fogo brando, mexendo sem parar com uma colher de pau até que o creme engrosse. Ele não deve desgrudar da colher.
Atenção: esse creme não deve ferver (o cozimento deve ser a 85°C).

4 •• Quando o creme adquirir uma consistência firme, retire imediatamente do fogo e despeje dentro de uma grande tigela para interromper o cozimento. Continue mexendo por 5 minutos para que o creme fique homogêneo.
Adicione o óleo essencial de rosas.
Despeje a mistura em uma máquina de fazer sorvete.

Conselhos do Chef

Processe o sorvete 3 horas antes de consumi-lo para que ele possa adquirir uma textura agradável. Você pode conservá-lo vários dias no congelador; nesse caso, retire-o 10 minutos antes de degustar para que amoleça.

Assim como na preparação do creme inglês: na etapa 3, se você deixar o creme cozinhar além do ponto, irá formar grumos. Na verdade, são as gemas que começam a coalhar. Para consertar, despeje o creme na batedeira e misture rapidamente até que fique homogêneo. Se você misturar demais, o creme vai se liquefazer.

Para 8 pessoas   Preparação: 15min + receitas de base

Taça gelada de rosas com framboesas

1l de sorvete de pétalas de rosas: ver receita página 72
500ml de sorbet de framboesas: ver receita página 76

125g de calda de framboesas: ver receita de base
250g de chantilly: ver receita de base

40 a 50 framboesas frescas

MATERIAL
Um saco de confeiteiro com um bico canelado
Um boleador de sorvete

Prepare antecipadamente o sorvete, o sorbet e a calda, e poucos minutos antes da utilização, o chantilly.

A MONTAGEM
Em cada taça, alterne 2 bolas de sorvete de pétalas de rosas e 1 de sorbet de framboesas.
Coloque de 5 a 6 framboesas e espalhe a calda de framboesas.
Usando o saco de confeiteiro com bico, decore a parte de cima com uma bela rosa de chantilly.

Conselho do Chef
O chantilly também pode ser preparado de véspera; nesse caso, reserve-o na geladeira. Você também pode encher antecipadamente as taças com sorvete e com sorbet e reservá-las no congelador. No momento de servir, basta apenas acrescentar as framboesas, a calda e o chantilly.

Para 1 litro de sorbet *Preparação: 1h* *Repouso: 1h*

Sorbet de framboesas

400ml de água
250g de açúcar semoule
1 limão-siciliano

625g de framboesas frescas

Material
Uma máquina de fazer sorvete

1. ••• Em uma panela, leve a água e o açúcar à fervura. Retire do fogo e deixe esfriar.
   Esprema o limão-siciliano para extrair o suco.

2. ••• Utilizando um mixer, misture as framboesas com o suco de limão-siciliano até obter uma consistência líquida. Misture-os à calda resfriada. Coe a mistura em uma peneira com a ajuda de uma colher: aperte e raspe para extrair a polpa e eliminar as sementes de framboesas.

3. ••• Despeje a mistura em uma máquina de fazer sorvete.
   Quando o sorbet se formar, transfira-o para uma tigela. Conserve-o no congelador a -18 °C.

Conselho do Chef
Se possível, saboreie o sorbet no mesmo dia, ele terá uma textura incomparável.
Mas se você o conservar no congelador, retire-o 10 minutos antes de degustar para que ele amoleça.

Para 1 litro de sorbet   *Preparação: 1h*   *Repouso: 3h*

Sorbet de queijo branco

1/2 limão-siciliano
orgânico
300ml de água

200g de açúcar semoule
250g de queijo branco
com 40% de gordura

MATERIAL
Uma máquina de fazer
sorvete

1. ••· Utilizando um descascador, tire as raspas do limão-siciliano.
   Em uma panela, despeje a água, o açúcar e as raspas de limão-siciliano.
   Leve à fervura.
   Retire do fogo e deixe esfriar. Cubra durante 10 minutos e deixe ocorrer a infusão.
   Coe a calda e deixe esfriar.

2. ••· Esprema metade do limão-siciliano para extrair o suco.
   Em uma vasilha, vá misturando o queijo branco com a calda. Adicione então 1 colher (sopa) de suco de limão-siciliano.
   Despeje a mistura em uma máquina de fazer sorvete.
   Quando o sorbet se formar, transfira-o para uma tigela e conserve-o no congelador a -18°C.

Conselhos do Chef
Processe o sorbet no mesmo dia para que ele tenha uma textura agradável.
Você pode conservá-lo vários dias no congelador; nesse caso, retire-o 10 minutos antes de degustar para que amoleça.
Esse sorbet pode ser acompanhado por uma salada de frutas vermelhas mentolada.
Ele também pode ser servido com frutas vermelhas frescas, morangos ou framboesa
E você também pode acrescentar calda de frutas vermelhas.

Para 8 pessoas   Preparação: 15min + receitas de base

Taça gelada de chocolate liégeois

1l de sorvete de chocolate amargo: ver receita página 82

250g de chocolate quente resfriado: ver receita página 346

250g de chantilly: ver receita de base

30g de amêndoas laminadas (opcional)

Material
Um saco de confeiteiro com um bico canelado
Um boleador de sorvete

Prepare o sorvete de chocolate amargo antecipadamente, o chocolate quente que você vai deixar esfriar e, um pouco antes de utilizar, o chantilly.

A montagem

Torre levemente as amêndoas laminadas.

Em cada taça, coloque 2 bolas de sorvete de chocolate e adicione 3 colheres de chocolate quente resfriado.

Usando o saco de confeiteiro com bico, decore a parte de cima com uma bela rosa de chantilly e salpique um pouco de amêndoas torradas.

Conselho do Chef

O chantilly também pode ser preparado antecipadamente; nesse caso, reserve-o na geladeira. Você também pode encher as taças com sorvete de chocolate e reservar no congelador. No momento de servir, basta apenas acrescentar o chocolate quente, o chantilly e as amêndoas torradas.

Para 1 litro de sorvete   *Preparação: 1h 30*   *Repouso: 3h*

Sorvete de chocolate amargo

200g de chocolate com no mínimo 70% de cacau
100ml de água

500ml de leite
3 gemas
120g de açúcar semoule

Material
Uma máquina de fazer sorvete

1. ••• Sobre uma tábua, pique o chocolate com uma faca. Em uma panela, leve a água e o leite à fervura. Retire do fogo.

2. ••• Em uma tigela grande, bata as gemas e o açúcar até que a mistura fique levemente esbranquiçada. Despeje 1/3 do leite sobre a mistura de gemas com açúcar, mexa com a ajuda de um fouet e despeje tudo na panela.

3. ••• Cozinhe em fogo brando, mexendo sem parar com uma colher de pau até que o creme engrosse. Ele não deve desgrudar da colher.
Atenção: esse creme não deve ferver (o cozimento deve ser a 85°C).

4. ••• Quando o creme adquirir uma consistência grossa, retire-o do fogo e adicione imediatamente o chocolate picado para interromper

o cozimento. Passe para uma tigela grande e continue a mexer por 5 minutos para que o creme fique homogêneo.
Despeje a mistura em uma máquina de fazer sorvete.
Quando o sorvete estiver pronto, transfira-o para uma tigela e reserve no congelador.

Conselhos do Chef
Processe o sorvete 3 horas antes de consumir para que ele possa adquirir uma textura agradável. Você pode conservá-lo vários dias no congelador; nesse caso, retire-o 10 minutos antes de saborear para que amoleça.

Assim como na preparação do creme inglês: na etapa 3, se você deixar o creme cozinhar além do ponto, irá formar grumos. Na verdade são as gemas que começam a coalhar. Para consertar, despeje o creme na batedeira e misture rapidamente até que fique homogêneo. Se você misturar demais, o creme vai se liquefazer.

Para 8 pessoas   Preparação: 15min + receitas de base

Taça Ladurée

1l de sorvete de castanhas portuguesas: ver receita página 86
250g de chantilly: ver receita de base
150g de lascas de marrons-glacês

Material
Um saco de confeiteiro com bico canelado (por exemplo, com 8 dentes e 18mm de diâmetro)
Um boleador de sorvete

Prepare antecipadamente o sorvete de castanhas portuguesas e, poucos minutos antes da utilização, o chantilly.

A montagem

Em cada taça, coloque 2 bolas de sorvete de castanhas portuguesas. Adicione algumas lascas de marrons-glacês.
Usando o saco de confeiteiro com bico canelado, decore completamente com uma bela rosa de chantilly e salpique o restante das lascas de marrons-glacês.

Conselho do Chef

O chantilly pode ser preparado antecipadamente; nesse caso, reserve-o na geladeira. Você também pode rechear as taças com sorvete e reservar no congelador. No momento de servir, basta apenas acrescentar as lascas de castanhas portuguesas e o chantilly.

Para 1 litro de sorvete *Preparação: 1h30* *Repouso: 3h*

Sorvete de castanhas portuguesas

500ml de leite
190g de creme de leite fresco
6 gemas
200g de açúcar semoule

240g de purê de castanhas portuguesas sem açúcar
1 colher (sopa) de rum envelhecido

100g de lascas de marrons-glacês

MATERIAL
Uma máquina de fazer sorvete

1 ••• Em uma panela, coloque o leite e 125 gramas de creme de leite para ferver. Retire do fogo.
Em uma tigela grande, bata as gemas e o açúcar até que a mistura fique levemente esbranquiçada. Despeje 1/3 do líquido sobre a mistura de gemas com açúcar, mexa com a ajuda de um fouet e depois despeje tudo na panela.

2 ••• Cozinhe em fogo brando, mexendo sem parar com uma colher de pau até que o creme engrosse. Ele não deve desgrudar da colher.
Atenção: esse creme não deve ferver (o cozimento deve ser a 85°C).

3 •• Quando o creme adquirir uma consistência bem grossa, retire-o do fogo e adicione imediatamente os 65 gramas de creme de leite restante para interromper o cozimento.
Em uma vasilha, despeje aos poucos o purê de castanhas portuguesas com o creme inglês. Deixe esfriar e, por fim, adicione o rum.

4 •• Despeje a mistura em uma máquina de fazer sorvete.
Quando estiver pronto, coloque o sorvete em uma tigela grande e acrescente as lascas de marrons-glacês. Mexa delicadamente. Transfira o sorvete para uma tigela e conserve-o no congelador a -18 °C.

Conselhos do Chef
Processe o sorvete 3 horas antes de consumi-lo para que ele possa adquirir uma textura agradável. Você pode conservá-lo vários dias no congelador; nesse caso, retire-o 10 minutos antes de saborear para que amoleça.

Assim como na preparação do creme inglês: na etapa 3, se você deixar o creme cozinhar além do ponto, irá formar grumos. Na verdade são as gemas que começam a coalhar.
Para consertar, despeje o creme na batedeira e misture rapidamente até que fique homogêneo. Se você misturar demais, o creme vai se liquefazer.

Para 8 pessoas   *Preparação: 30min*   *Cozimento: 1h 45*

Abacaxi assado

1 abacaxi
1 fava de baunilha
4 colheres (sopa) de água + 200ml

125g de açúcar semoule
suco de 1 laranja
1 colher (sopa) de rum

1. ••· Descasque o abacaxi, corte-o em 6 partes iguais no sentido do comprimento e retire o miolo.
Coloque os pedaços em uma assadeira.

2. ••· Com uma faca, parta a fava de baunilha ao meio no sentido do comprimento e raspe o interior para extrair as sementes. Despeje as 4 colheres (sopa) de água em uma panela, acrescente as sementes e coloque para ferver. Retire do fogo, cubra e deixe em infusão durante 15 minutos.

3. ••· Preaqueça o forno a 160°C.
Em uma panela grande, cozinhe o açúcar e os 200ml de água; misture usando um espátula de madeira até obter uma bela cor caramelo.
Retire do fogo com cuidado para evitar que ferva e adicione a água com baunilha, da qual você retirou a casca, o suco de laranja e o rum quente.

••·

4 ••• Despeje o líquido sobre os pedaços de abacaxi, leve ao forno e deixe assar por aproximadamente 1 hora e 45 minutos.
Regue regularmente o abacaxi com o suco do cozimento. Quando ele estiver com uma bela cor amarelo-dourada, retire do forno e deixe esfriar.

5 ••• Corte os pedaços de abacaxi assado em fatias de aproximadamente 5 milímetros de espessura.
Arranje-as harmoniosamente sobre uma travessa ou o prato que vai à mesa.
Sirva acompanhado de calda de maracujá e de sorvete de baunilha.

Para 8 pessoas   *Preparação: 45min*   *Repouso: 3h*

Torrone glaceado com mel

Torrone glaceado
1l de creme de
leite fresco
400g de torrone de
amêndoas
250g de frutas
cristalizadas

30g de pistaches crus
sem casca
150g de mel silvestre
8 claras

Calda de framboesas
250ml de calda: ver
receita de base

Chantilly e algumas
framboesas para
decoração

MATERIAL
8 formas individuais

1 ••• Coloque uma bacia semiesférica no congelador para que ela congele. Despeje o creme de leite dentro da bacia e bata bastante até que ele fique com uma consistência firme. Reserve na geladeira.
Pique o torrone e as frutas cristalizadas em cubos de 5 milímetros. Pique os pistaches em pedaços grandes. Reserve-os.

2 ••• Em uma panela, cozinhe o mel até que ele comece a ganhar uma leve coloração (aproximadamente 120°C). Enquanto isso, usando um fouet elétrico, bata as claras em neve.
Quando elas estiverem bem firmes, acrescente o mel e continue a bater até que esfrie por completo.

3 ••• Em uma vasilha, misture delicadamente com uma espátula flexível o chantilly com o merengue de mel. Adicione os cubos de torrone, de frutas cristalizadas e os pedaços de pistaches.

4 ••• Modele a massa nas formas individuais e deixe no congelador por 3 horas. Enquanto isso, prepare a calda de framboesas e reserve na geladeira. Desenforme o torrone sobre as travessas, decore cada uma com uma rosa de chantilly e uma framboesa e contorne com a calda de framboesa.

Conselhos do Chef

Na falta de formas individuais, você pode moldar o torrone gelado em recipientes de vidro que possam ir ao congelador. Na hora de servir, desenforme e complete cada um com calda de framboesa.

O torrone pode ser montado em uma terrine de 22 centímetros de comprimento e colocado no congelador por 3 horas; sirva-o em fatias que você pode cobrir com calda de framboesas.

Você também pode dar um toque pessoal ao seu torrone substituindo uma parte das frutas cristalizadas (50g por exemplo) por cubos de laranja, de gengibre ou de angélica cristalizados.

Essa receita não contém álcool, mas se você desejar acentuar o sabor, macere as frutas cristalizadas por 1 hora em 50ml de conhaque de laranja para adicionar à mistura junto com as frutas cristalizadas.

Para 8 pessoas   *Preparação: 45min*   *Repouso: 2h*

Minestrone de frutas frescas com manjericão

Calda de manjericão
1 limão-siciliano orgânico
1 laranja orgânica
250ml de água
150g de açúcar semoule
4 folhas de manjericão fresco

Salada de frutas
1 mamão papaia
1 manga
1/2 abacaxi ou
1 abacaxi pequeno
3 kiwis
2 maracujás
3 laranjas
2 toranjas

6 folhas de manjericão fresco

A CALDA DE MANJERICÃO

1. •• Com ajuda de uma faca, tire dois pedaços de casca do limão-siciliano e da laranja.
Em uma panela, ferva a água com o açúcar e as cascas.

2. •• Retire do fogo e adicione as folhas de manjericão fresco picadas. Cubra e deixe em infusão por 30 minutos. Coe e reserve.

A SALADA DE FRUTAS

3. •• Descasque o mamão, a manga, o abacaxi e os kiwis.

4. •• Corte o mamão papaia ao meio e retire as sementes. Pique cada metade em 4 partes iguais e depois em fatias de 8 milímetros de

espessura. Corte a manga ao meio no sentido da largura, de cada lado do caroço. Divida cada metade em 3 partes iguais no sentido do comprimento e depois corte fatias de 2 milímetros de espessura.

Corte os kiwis ao meio no sentido da largura. Corte novamente cada metade em 8 no sentido do comprimento e depois em 4 no sentido da largura. Divida o abacaxi ao meio. Corte novamente cada metade em 4 no sentido do comprimento. Retire o miolo, depois corte em fatias de 3 milímetros de espessura.

Corte os maracujás ao meio e com a ajuda de uma colher, retire a polpa das frutas.

5 ••• Descasque as laranjas e as toranjas. Extraia os gomos, retirando todas as peles brancas que ficam entre eles.

6 ••• Coloque todas as frutas dentro de uma tigela e regue com a calda de manjericão.

Sobre uma tábua, pique as folhas de manjericão bem fininhas. Adicione-as à salada de frutas e misture delicadamente, tomando o cuidado de não amassar os pedaços de frutas.

Reserve 2 horas em local fresco antes de servir.

Conselho do Chef

Dependendo da estação, você pode adicionar pedaços de morangos, framboesas e bananas antes de servir.

Para 8 pessoas   Preparação: 30min

Salada de frutas vermelhas mentoladas

Calda de frutas vermelhas mentoladas
300ml de água
150g de açúcar semoule
100g de groselhas
100g de framboesas
15 folhas de hortelã fresca

Frutas
500g de morangos
125g de groselhas
250g de framboesas
125g de amoras
125g de mirtilos

A CALDA DE FRUTAS VERMELHAS MENTOLADAS

1. ••• Em uma panela, coloque a água, o açúcar, as groselhas e as framboesas para ferver. Retire do fogo e adicione 15 folhas de hortelã fresca. Cubra e deixe em infusão por 20 minutos.
Retire as folhas de hortelã. Misture usando um mixer. Coe a calda.

Conselho do Chef
A sobremesa pode ser acompanhada de sorvete de baunilha ou de verbena, por exemplo.

AS FRUTAS

2. ••• Lave e seque os morangos.
Retire os cabos das groselhas. Corte os morangos em quatro.

3. ••• Preencha o fundo da travessa ou das taças individuais com a calda mentolada e depois arranje harmoniosamente todas as frutas. Reserve em local fresco e está pronto para degustar.

As tortas

Para 8 pessoas   Preparação: 1h 15 + receitas de base   Cozimento: 45min   Repouso: 2h

Torta de abacaxi assado

Abacaxi assado
Ver receita página 88

Creme de amêndoas com coco
80g de manteiga
100g de açúcar semoule
100g de coco em pó
10g de amido de milho
1 ovo inteiro
1 colher (sopa) de rum
250ml de creme de leite fresco

Fundo de torta com massa doce de amêndoas
350g de massa: ver receita de base
20g de farinha para trabalhar a massa
20g de manteiga para untar

MATERIAL
Um aro para montar torta ou uma assadeira de 24cm de diâmetro e 2cm de altura

Com antecedência, asse o abacaxi e prepare a massa doce de amêndoas (receita de base).

O CREME DE AMÊNDOAS COM COCO

••• Coloque uma bacia semiesférica no freezer ou no congelador da geladeira para que ela congele.

Corte a manteiga em pedaços pequenos e amoleça-a sem derreter no microondas ou em banho-maria. Mexa com uma espátula até obter uma consistência pastosa.

A seguir, tomando o cuidado de misturar entre cada ingrediente, acrescente: o açúcar semoule, o coco em pó, o amido de milho, o ovo e o rum.

2 ••• Despeje então o creme de leite na bacia congelada e bata bastante com um fouet.
Assim que ele engrossar, incorpore-o na mistura anterior, mexendo delicadamente.

O FUNDO DE TORTA COM MASSA DOCE DE AMÊNDOAS

3 ••• Sobre uma superfície enfarinhada, abra a massa doce até ficar com 2 milímetros de espessura, acompanhando as dimensões da forma. Deixe descansar em local fresco durante 1 hora. Coloque na forma previamente untada.
Deixe descansar novamente durante mais 1 hora em local fresco.

O RECHEIO

4 ••• Preaqueça o forno a 160°C.
Recheie o fundo de torta com o creme de amêndoas com coco e metade das fatias de abacaxi assado.
Leve ao forno e deixe assar por aproximadamente 45 minutos até obter uma bela cor dourada.
Retire do forno, desenforme a torta e deixe esfriar.

A MONTAGEM

5 ••• Arranje harmoniosamente as fatias de abacaxi restantes sobre o fundo de torta frio.
Reserve em local fresco até o momento de servir.

Conselho do Chef
Sirva esta torta acompanhada de calda de frutas e sorvete de baunilha.

Para 8 pessoas   Preparação: 1h 45   Cozimento: 40min   Repouso: 2h

Torta puro chocolate

Massa doce de cacau
200g de farinha de trigo especial + 20g para trabalhar a massa
120g de manteiga + 15g para untar
75g de açúcar de confeiteiro
25g de farinha de amêndoas
12g de cacau em pó sem açúcar
1 pitada de flor de sal
1 ovo inteiro

Biscoito de chocolate sem farinha
45g de chocolate com 60 a 70% de cacau
3 ovos inteiros
65g de açúcar semoule

Ganache de chocolate
300g de chocolate com 65 a 75% de cacau
300g de creme de leite fresco
100g de manteiga em temperatura ambiente

1 tablete de chocolate e cacau em pó para decorar

MATERIAL
Uma forma de 24cm de diâmetro e 2cm de altura
Um saco de confeiteiro com um bico de 7 a 8mm

A MASSA DOCE DE CACAU

••• Em uma tigela grande, peneire a farinha, corte toda a manteiga (quando estiver bem fria) em pedaços pequenos, adicione o açúcar de confeiteiro, a farinha de amêndoas, o cacau em pó e a flor de sal. Misture tudo com as palmas das mãos até ficar com uma consistência arenosa. Quando a mistura estiver quebradiça, acrescente o ovo e mexa, mas não trabalhe a massa, pois esse tempo é necessário para que ela se torne homogênea. Se você possuir uma batedeira planetária, pode usá-la com o batedor "folha".

Faça uma bola e envolva-a em papel-filme; coloque em local fresco por no mínimo 1 hora antes de usar. Você também pode preparar na véspera: dessa forma será mais fácil modelá-la.

2 ••• Sobre uma superfície enfarinhada, abra a massa até ficar com 2 milímetros de espessura, depois acomode-a na forma de torta previamente untada e enfarinhada. Deixe-a descansar por 1 hora na geladeira. Preaqueça o forno a 170°C. Enquanto isso, utilizando um garfo, fure a massa para evitar que ela forme bolhas durante o cozimento e cubra com um disco de papel-manteiga um pouco maior que a forma, moldando-o cuidadosamente sobre a massa (fundo e bordas). Distribua os feijões por cima. Coloque para assar durante 25 minutos.

Retire a massa do forno, remova os feijões e retire o papel-manteiga. Deixe esfriar.

O BISCOITO DE CHOCOLATE SEM FARINHA

3 ••• Coloque um recipiente em banho-maria. Quando estiver fervendo, ponha o chocolate para derreter. Ele deve ficar derretido e morno.

Separe as claras das gemas e reserve-as. Em uma vasilha, misture as gemas com 35 gramas de açúcar e bata para deixá-las claras e fofas.

Bata as claras em neve; quando elas estiverem bem espumantes, acrescente 30 gramas de açúcar. Continue a bater até que fiquem espessas.

Despeje 1/4 das claras em neve na mistura de gemas com açúcar e adicione a seguir o chocolate derretido. Por fim, acrescente o restante das claras e misture delicadamente.

4 ••• Preaqueça o forno a 170°C. Sobre uma assadeira forrada com papel-manteiga e com a ajuda do saco de confeiteiro com bico, faça bolinhas de biscoito em formato de espiral com diâmetro inferior a 2 centímetros, como o da torta, partindo do centro para a borda. Coloque no forno e deixe assar por aproximadamente 15 minutos. O biscoito deve ficar bem sequinho. Retire do forno, transfira os biscoitos deslizando o papel-manteiga sobre uma grelha e deixe esfriar.

O ganache de chocolate

5 ••• Sobre uma tábua, pique o chocolate e coloque-o em uma tigela grande. Em uma panela, ferva o creme e a seguir despeje de uma vez a metade do líquido borbulhante sobre o chocolate. Vá mexendo com um fouet em movimentos circulares para emulsionar o creme e o chocolate aos poucos. Adicione o creme fervente restante e misture com o fouet da mesma maneira.

6 ••• Corte a manteiga em pedaços pequenos e incorpore-os ao ganache; misture com uma espátula até obter uma consistência bem lisa. Agora, prossiga com a montagem da torta.

A montagem da torta

7 ••• Deposite uma camada fina de ganache de 2 a 3 milímetros de espessura no fundo de massa doce. Coloque o disco de biscoito de chocolate, apertando levemente. Cubra com o resto do ganache, preenchendo os espaços.

Deixe descansar por 30 minutos em temperatura ambiente para endurecer.

8 ••• Decore, então, a parte de cima da torta com raspas de chocolate. Elas podem ser obtidas passando as costas da faca sobre a barra de chocolate para se produzir lascas bem finas. Despeje as lascas diretamente sobre a torta para evitar retoques. Polvilhe levemente o cacau.

Para 8 pessoas   *Preparação: 1h 15 + receita de base*   *Cozimento: 35min*   *Repouso: 24h*

Tortinhas de limão com coco

Creme de limão
1 limão orgânico
170g de açúcar semoule
5g de amido de milho
3 ovos inteiros
115g de suco de limão
250g de manteiga

Creme de coco
60g de creme de leite fresco
25g de manteiga
25g de açúcar de confeiteiro
25g de coco ralado

1 colher (sopa) de rum escuro
1 ovo inteiro
25g de amido de milho

Fundo de tortinhas com massa doce de amêndoas
350g de massa: ver receita de base
25g de farinha para trabalhar a massa
20g de manteiga para untar

Gelatina de limão
50g de gelatina de limão
1 colher (sopa) de água

Raspas de limão cristalizado e raspas de casca de limão para decorar

MATERIAL
8 formas de tortinhas de 8cm de diâmetro e 2cm de altura

O creme de limão e a massa doce de amêndoas devem ser preparados na véspera.

O CREME DE LIMÃO

1. ••• Utilizando um ralador, rale a casca do limão. Em uma tigela, misture o açúcar e as raspas de limão. Adicione o amido de milho e, a seguir, os ovos e o suco de limão.

Em uma panela, cozinhe a mistura em fogo brando, mexendo com uma espátula até levantar fervura para que o creme engrosse. Retire do fogo. Deixe esfriar durante aproximadamente 10 minutos; o creme ainda estará quente, mas sem ferver (aproximadamente 60°C). Adicione a manteiga amolecida e misture para incorporá-la ao creme, deixando-o mais homogêneo.

Reserve em um recipiente hermeticamente fechado e deixe em local fresco por no mínimo 12 horas para que ele endureça.

O creme de coco

2. No dia seguinte, coloque uma bacia semiesférica no congelador para que ela congele. Despeje o creme frio dentro da bacia e bata bastante com um fouet até que ele fique com uma consistência firme.

Em uma tigela, misture a manteiga amolecida com o açúcar de confeiteiro e o coco. Adicione o rum, o ovo e depois o amido de milho. Incorpore o chantilly.

Os fundos de tortinhas de massa doce de amêndoas

3. Sobre uma superfície enfarinhada, abra a massa até ficar com 2 milímetros de espessura. Com ajuda de uma forma ou de uma tigela pequena, corte discos de aproximadamente 12 centímetros de diâmetro e depois coloque-os em formas previamente untadas com manteiga. Deixe descansar por 1 hora na geladeira.

4. Preaqueça o forno a 170°C.

Preaqueça o forno a 170°C. Enquanto isso, utilizando um garfo, fure a massa para evitar que ela forme bolhas durante o cozimento e cubra com um disco de papel-manteiga um pouco maior que a forma, moldando-o cuidadosamente sobre a massa (fundo e bordas). Distribua os feijões por cima.

Coloque os fundos das tortinhas para pré-assar por aproximadamente 15 minutos até ficarem com uma cor amarela. Retire-as do forno.

5 ••• Deixe-as esfriar um pouco, remova os feijões e retire o papel-manteiga. Recheie completamente com uma fina camada de creme de coco (2 a 3 milímetros). Recoloque-as no forno por volta de 10 minutos até que a massa e o creme possam dourar.
Retire do forno, desenforme e deixe esfriar.

6 ••• Utilizando uma colher, recheie os fundos das tortinhas com o creme de limão até a altura das bordas e alise a cobertura com uma espátula de inox. Leve-as ao congelador até que a parte de baixo do creme endureça (em torno de 1 hora).

A GELATINA DE LIMÃO

7 ••• Em uma panela, aqueça a gelatina de limão misturada com água em fogo brando, sem deixar ferver (aproximadamente 50 a 60°C) para obter uma consistência grossa. Retire as tortinhas do congelador e, utilizando um pincel, cubra-as imediatamente com a gelatina.
Decore com algumas raspas de limão cristalizado e de casca de limão, como mostra a foto.

Conselhos do Chef

Dependendo da estação, você pode substituir a gelatina de limão por frutas vermelhas, tais como morangos ou framboesas. As frutas vermelhas combinam perfeitamente com o limão e o coco. Você também pode servir como acompanhamento para as tortinhas uma calda de frutas e um sorbet de manga, ou um sorvete de coco.
Na falta de gelatina de limão tahiti, pode-se utilizar gelatina de limão-siciliano, ou eventualmente fazer uma gelatina caseira.

Para 8 pessoas   Preparação: 45min + receitas de base   Cozimento: 1h 5   Repouso: 1h

Tortinhas crocantes de damasco ou cereja

Fundos de tortinhas com massa podre
350g de massa: ver receita de base
25g de farinha para trabalhar a massa
20g de manteiga para untar

Creme de amêndoas com pistaches
250g de creme de amêndoas: ver receita de base
30g de pasta de pistaches
15g de pistaches + 5g para decorar

Frutas
1kg de damascos frescos ou 800g de cerejas

Farofa doce de massa sablê crocante
160g de massa sablê: ver receita de base, preparada com 40g de cada ingrediente

Açúcar de confeiteiro para decorar

MATERIAL
8 formas de tortinhas individuais de 8cm de diâmetro
Um saco de confeiteiro com um bico redondo de 10mm

Prepare a farofa doce antecipadamente.

OS FUNDOS DE TORTINHAS DE MASSA PODRE PRÉ-COZIDOS

1 •• Sobre uma superfície enfarinhada, abra a massa até ficar com 2 milímetros de espessura. Corte 8 círculos. Coloque-os nas formas previamente untadas com manteiga; reserve por 1 hora em local fresco.

••

O CREME DE AMÊNDOAS COM PISTACHES

2 ••• Enquanto isso, prepare o creme de amêndoas, adicione a pasta de pistaches e os pistaches picados.

3 ••• Preaqueça o forno a 170°C.
Utilizando um garfo, fure a massa para evitar que ela forme bolhas durante o cozimento e cubra com um disco de papel-manteiga um pouco maior que a forma, moldando-o cuidadosamente sobre a massa (fundo e bordas). Distribua os feijões por cima. Coloque para assar por aproximadamente 20 minutos até ficar com uma cor dourada.
Retire a massa do forno, remova os feijões e retire o papel-manteiga. Deixe o forno ligado.

AS FRUTAS

4 ••• Lave, retire os caroços e corte os damascos em 2 ou 3, conforme o tamanho.
Corte as cerejas ao meio e retire o caroço. Reserve algumas para decorar.

O RECHEIO

5 ••• Utilizando um saco de confeiteiro com bico, recheie os fundos das tortinhas com o creme de amêndoas com pistaches e arranje harmoniosamente os pedaços de damasco ou as cerejas sem caroços.
Cubra a parte de cima com pedaços de farofa doce.

6 ••• Coloque as tortinhas no forno e deixe assar a 170°C por aproximadamente 40 a 45 minutos. Retire do forno e deixe esfriar.
Polvilhe o açúcar de confeiteiro e salpique alguns pistaches moídos.

Para 8 pessoas   Preparação: 55min   Cozimento: 20min   Repouso: 1h 30

Torta mascarpone de morangos

Fundo de torta em massa doce de amêndoas
Ver receita de base
20g de farinha
para trabalhar a massa
20g de manteiga
para untar

Creme de mascarpone
2 folhas de gelatina
60g de creme de leite fresco
125g de açúcar semoule
500g de mascarpone
400g de morango

MATERIAL
Uma forma de 24cm
de diâmetro e 2cm
de altura

O FUNDO DE TORTA COM MASSA DOCE DE AMÊNDOAS

1. ••• Sobre uma superfície enfarinhada, abra a massa até ficar com 2 milímetros de espessura, depois coloque-a na forma para torta previamente untada com manteiga. Reserve em local fresco por 1 hora.

2. ••• Preaqueça o forno a 170°C. Enquanto isso, utilizando um garfo, fure a massa para evitar que ela forme bolhas durante o cozimento e cubra com um disco de papel-manteiga um pouco maior que a forma, moldando-o cuidadosamente sobre a massa (fundo e bordas). Distribua os feijões por cima.
   Coloque o fundo de torta para assar por aproximadamente 20 minutos até ficar com uma cor dourada. Retire do forno, remova os feijões e retire o papel-manteiga.
   Se, depois de retirar o papel-manteiga, a massa não estiver dourada, coloque-a de volta ao forno sem cobrir para que termine de assar e fique dourada. Retire do forno e deixe esfriar.

O CREME DE MASCARPONE E A MONTAGEM

3 ••• Coloque as folhas de gelatina para amolecer em água fria por 10 minutos. Escorra-as e aperte bastante para tirar o excesso de água.
Em uma panela, coloque o creme e o açúcar para ferver; retire do fogo e adicione a gelatina escorrida. Deixe esfriar.

4 ••• Utilizando uma espátula flexível ou uma espátula de madeira, misture primeiro apenas o mascarpone para alisar a massa, depois despeje aos poucos a mistura fria mexendo sempre.
Recheie o fundo de massa cozida com o creme mascarpone e deixe esfriar.
Coloque a torta no congelador por 20 minutos para que o creme fique firme.

5 ••• Enquanto isso, lave os morangos e seque com um pano de prato. Retire o cabo e corte-os ao meio no sentido do comprimento.
Arrume harmoniosamente sobre o fundo de torta recheado com o creme mascarpone.

DICA

Para impermeabilizar a massa e evitar que ela desmanche ao entrar em contato com o creme mascarpone, forre o fundo de torta cozido com chocolate branco derretido em banho-maria no fogo médio. Depois, coloque por 10 minutos no congelador para endurecer antes de rechear a torta.

Para 8 pessoas   Preparação: 1h   Cozimento: 20min   Repouso: no mínimo 13h

Torta de maracujá com framboesas

Creme de maracujá
250g de manteiga
2 folhas de gelatina
2 ovos inteiros
+ 1 gema
150g de açúcar semoule
1 colher (café) de amido de milho
125g de polpa de maracujá
2 colheres (sopa) de suco de limão-siciliano

Fundo de torta com massa doce de amêndoas
350g de massa: ver receita de base
20g de farinha para trabalhar a massa
20g de manteiga para untar

Recheio
400g de framboesas

Material
Uma forma de torta de 24cm de diâmetro e 2cm de altura

O creme de maracujá

1. ••• Prepare o creme na véspera.
Deixe a manteiga em temperatura ambiente para que ela amoleça.
Coloque as folhas de gelatina para amolecer em água fria por 10 minutos.
Em uma tigela, misture os ovos inteiros, a gema, o açúcar e o amido de milho. Adicione a polpa de maracujá e o suco de limão-siciliano.
Escorra as folhas de gelatina e aperte bastante para retirar o excesso de água.

2 ••• Em uma panela, cozinhe a mistura de ovos em fogo brando, mexendo sempre com uma espátula e ferva até que o creme engrosse. Retire do fogo e depois adicione a gelatina escorrida.

Deixe esfriar por aproximadamente 10 minutos: o creme deve ficar quente, mas não fervendo (menos de 60°C). Adicione a manteiga amolecida, mexendo para incorporar o creme e deixá-lo mais homogêneo. Despeje a mistura em um recipiente hermeticamente fechado e deixe em local fresco por aproximadamente 12 horas para que ele endureça.

O FUNDO DE TORTA COM MASSA DOCE DE AMÊNDOAS

3 ••• Sobre uma superfície enfarinhada, abra a massa até ficar com 2 milímetros de espessura, depois coloque-a na forma para torta previamente untada com manteiga. Reserve em local fresco por 1 hora. Preaqueça o forno a 170°C.

Enquanto isso, utilizando um garfo, fure a massa para evitar que ela forme bolhas durante o cozimento e cubra com um disco de papel-manteiga um pouco maior que a forma, moldando-o cuidadosamente sobre a massa (fundo e bordas). Distribua os feijões por cima.

4 ••• Coloque o fundo de torta para assar por aproximadamente 20 minutos até ficar dourado. Retire do forno, remova os feijões e retire o papel-manteiga.

Se, depois de retirar o papel, a massa não estiver dourada, coloque-a de volta no forno sem cobrir para que termine de assar e fique dourada. Retire do forno e deixe esfriar.

A MONTAGEM DA TORTA

5 ••• Recheie o fundo de massa frio e arranje harmoniosamente as framboesas por cima. Conserve em local fresco até ser consumida.

Conselhos do Chef
Prepare o fundo de massa, recheie com o creme e depois reserve em local fresco; coloque as framboesas frescas no último momento, pois dessa forma o sabor delas ficará mais acentuado. Esta torta pode ser deliciosamente acompanhada por uma calda de framboesas e um sorbet de maracujá ou um sorvete de baunilha.

Para 8 pessoas   *Preparação: 1h + receita de base*   *Cozimento: 40min*   *Repouso: 1h*

Tortinhas de maçã Élysée

Fundo de tortinhas com massa doce de amêndoas	**Cubos de maçã com canela**	**Maçãs assadas no forno**	**MATERIAL**
350g de massa: ver receita de base	60g de uvas-passas brancas	1kg de maçãs	8 formas de tortinhas individuais e 8cm de diâmetro
20g de farinha para trabalhar a massa	750g de maçãs	60g de manteiga	
20g de manteiga para untar	60g de manteiga	50g de açúcar semoule	
	45g de açúcar semoule	25g de amêndoas inteiras ou picadas (opcional)	
	1 pitada de canela em pó		

A massa doce de amêndoas deve ser preparada na véspera.

OS FUNDOS DE TORTINHAS COM MASSA DOCE DE AMÊNDOAS

1. ••• Unte as formas com manteiga. Sobre uma superfície enfarinhada, abra a massa até ficar com 2 milímetros de espessura, depois corte 8 círculos de massa. Coloque-os nas formas previamente untadas com manteiga e reserve durante 1 hora em local fresco.

OS CUBOS DE MAÇÃS COM CANELA

2. ••• Hidrate as uvas-passas colocando-as em água quente da torneira por aproximadamente 30 minutos.
Enquanto isso, descasque as maçãs, retire o miolo e corte-as em cubos.

Em uma frigideira, derreta a manteiga, coloque os cubos de maçã para cozinhar e adicione o açúcar e a canela. Quando a maçã ficar bem dourada, retire do fogo (atenção: ela deve estar cozida, mas não mole). Deixe esfriar. Escorra as uvas-passas e adicione-as à preparação.

As maçãs assadas no forno

3 ••• Preaqueça o forno a 180°C.

Descasque as maçãs e retire o miolo. Corte-as ao meio e depois em 4 ou 5 pedaços conforme o tamanho das frutas. Coloque-as sobre uma assadeira forrada com uma folha de papel-manteiga.

Em uma panela pequena, derreta a manteiga e, usando um pincel, passe nos pedaços de maçã. Salpique o açúcar semoule e leve ao forno por 10 a 12 minutos. As maçãs devem ficar firmes depois do cozimento.

Os fundos de tortinhas e a montagem

4 ••• Preaqueça o forno a 170°C. Enquanto isso, utilizando um garfo, fure a massa para evitar que ela forme bolhas durante o cozimento e cubra com um disco de papel-manteiga um pouco maior que a forma, moldando-o cuidadosamente sobre a massa (fundo e bordas). Distribua os feijões por cima. Coloque para cozinhar por aproximadamente 20 minutos até ficar dourada.

Retire os fundos de tortinhas do forno, remova os feijões, e retire o papel-manteiga. Deixe esfriar.

Tortinhas de maçã Élysée

Se, depois de retirar o papel, a massa não estiver dourada, coloque-a de volta no forno sem cobrir para que termine de assar e fique dourada. Retire do forno e deixe esfriar.

5 ••• Recheie os fundos das tortinhas frias com os cubos de maçãs com canela e arranje harmoniosamente os pedaços de maçãs assadas. Conserve em local fresco até consumir.
Se preferir, decore com algumas amêndoas inteiras torradas.

Conselho do Chef
Se desejar dar mais brilho às tortinhas, você pode pincelar os pedaços de maçãs com geleia de damasco.

Para 8 tortinhas individuais   Preparação: 1h 10   Cozimento: 20min   Repouso: 12h

Tortinhas de ruibarbo com morangos silvestres

Fundos de tortinhas com massa doce de amêndoas
Ver receita de base
20g de farinha
para trabalhar a massa
20g de manteiga
para untar

Compota de ruibarbo
600g de ruibarbo
45g de açúcar semoule
+ 60g
18g de geleificante pectina
6 folhas de gelatina
120ml de água
350g de morangos silvestres

Material
8 formas de 8 a 9cm de diâmetro e 2cm de altura

A massa doce de amêndoas e a compota de ruibarbo devem ser preparadas na véspera.

A COMPOTA DE RUIBARBO

1 ••• Ela deve ser preparada um dia antes.
Utilizando uma pequena faca, despele o ruibarbo, puxando pelas nervuras. Corte-o em pedaços.
Em uma tigela, misture 45g de açúcar semoule com o geleificante.
Coloque as folhas de gelatina para amolecer em uma tigela com água fria.

2 ••• Em uma panela, esquente 120ml de água e depois dissolva a mistura de açúcar e geleificante, levando-os à fervura mexendo sem parar; a seguir acrescente o ruibarbo. Cozinhe por volta de 4 a 5 minutos até caramelizar. Ao fim do cozimento, acrescente o açúcar restante e mexa delicadamente. Interrompa o cozimento acrescentando a gelatina amolecida e escorrida.

3 ••• Transfira a compota para uma vasilha retangular, espalhando uma camada bem fina, e deixe esfriar. Cubra a vasilha com um papel-filme e coloque na geladeira por 12 horas.

Os fundos das tortinhas com massa sablê de amêndoas

4 ••• Preaqueça o forno a 170°C. Unte as formas com manteiga. Sobre uma superfície enfarinhada, abra a massa até ficar com 2 milímetros de espessura. Preencha as formas com a massa. Coloque os fundos das tortinhas no forno e deixe assar a 170°C durante cerca de 20 minutos até que elas fiquem douradas. Deixe esfriar.

5 ••• Recheie os fundos de massa com a compota de ruibarbo geleificada. Arrume harmoniosamente os morangos silvestres sobre cada tortinha. Reserve em local fresco.

Variantes

Você pode substituir os morangos silvestres por morangos comuns.
Na falta de frutas vermelhas, essas tortinhas também são excelentes decoradas com pedaços de maçãs assadas (ver a receita das tortinhas de maçã Élysée).

Conselho do Chef
Retire a torta da geladeira 20 minutos antes de servir para que os morangos voltem à temperatura ambiente e o aroma fique mais acentuado.

Para 8 tortas individuais   *Preparação: 45min*   *Cozimento: 2h 15*   *Repouso: 3h*

Tortas Tatin

Maçãs Tatin
12 maçãs golden

Caramelo
100ml de água
300g de açúcar semoule
125g de manteiga

Cobertura em massa folhada
500g de massa:
ver receita de base
20g de farinha
para trabalhar a massa

MATERIAL
8 forminhas de
10cm de diâmetro

AS MAÇÃS TATIN E O CARAMELO

1 ••• Descasque, retire o miolo e pique as maçãs em 3 pedaços grandes.
Em uma panela, cozinhe a água com o açúcar até obter uma bela cor caramelo.
Retire do fogo e adicione imediatamente a manteiga cortada em pedaços para interromper o cozimento, tomando cuidado para não deixar ferver; mexa delicadamente para homogeneizar a manteiga e o caramelo.
Despeje o caramelo no fundo das forminhas, deixando-as com 5 milímetros de espessura. Deixe esfriar.

2 ••• Preaqueça o forno a 160°C.
Distribua os pedaços de maçã em pé, apoiados uns nos outros nas forminhas. As maçãs devem ficar para fora da forma: na verdade, elas vão reduzir à metade dependendo do cozimento. Coloque no forno e deixe assar por 1 hora e meia.
Retire do forno e deixe esfriar.

A PARTE DE CIMA DA MASSA FOLHADA

3 ••· Sobre uma superfície enfarinhada, disponha a massa folhada. Corte círculos de 13 centímetros de diâmetro e deixe descansar por 30 minutos na geladeira.
Preaqueça o forno a 170°C.

4 ••· Cubra as maçãs com os círculos de massa e faça com que se acomodem bem ao redor das frutas para impedir que desmanchem.
Leve ao forno e deixe assar por 35 minutos. Deixe esfriar. Coloque na geladeira por 2 horas no mínimo para que o caramelo endureça e a pectina das maçãs se geleifique.

5 ••· Esquente a água em uma frigideira. Mergulhe as forminhas uma a uma por 15 segundos na água quente; passe a lâmina de uma faca ao redor da massa, no interior de cada forminha, faça girar levemente a torta apoiando na massa e desenforme sobre um prato.

Conselho do Chef

No momento de servir, reaqueça as tortas Tatin a 120°C e sirva-as mornas, acompanhadas de creme de leite fresco batido com fouet para ficar grosso.
Essas tortas também podem ser acompanhadas de uma bola de sorvete de baunilha. A sensação do contraste quente-frio é muito agradável.

Os acompanhamentos e as verrines

Para 6 pessoas   Preparação: 15min   Cozimento: 1h   Repouso: 2h

Crème brûlée
de água de flor-de-laranjeira

200ml de leite
250ml de creme de leite fresco
3 gemas
85g de açúcar semoule

50ml de água de flor-de-laranjeira
50g de açúcar mascavo para caramelizar

Material
Formas para crème brûlée de 8 a 10cm de diâmetro e de 2 a 3cm de altura

1 ••• Em uma panela, ferva o leite com o creme de leite.
Em uma vasilha, bata as gemas de ovos e o açúcar até que a mistura fique levemente esbranquiçada.
Acrescente aos poucos a mistura de leite com creme de leite e depois a água de flor-de-laranjeira.

2 ••• Preaqueça o forno a 100°C.
Despeje a mistura nas formas.
Coloque as formas em um refratário ou sobre uma assadeira. Coloque no forno e encha o refratário ou a assadeira com água até alcançar 5 milímetros das formas. Deixe cozinhar em banho-maria por 1 hora na mesma temperatura.
O creme estará cozido quando engrossar. Verifique o cozimento com a ponta de uma faca: o creme deve estar firme.

3 ••• Retire as formas do forno e deixe esfriar. Cubra-as com papel-filme para evitar acúmulo de umidade sobre o creme e reserve na geladeira por no mínimo 2 horas.

4 ••• No momento de servir, preaqueça o forno na posição grill.
Enquanto isso, polvilhe a parte de cima do creme com o açúcar mascavo e deixe caramelizar por 2 minutos, controlando a coloração. Quando o açúcar adquirir uma bela cor de caramelo, retire do forno e sirva imediatamente.

Variante

Crème brûlée de baunilha: substitua a água da flor-de-laranjeira e complete a quantidade de líquido com 5 colheres (sopa) de leite. Com uma faca, parta a fava de baunilha ao meio no sentido do comprimento e raspe o interior para extrair as sementes. Em uma panela, ferva o leite e o creme de leite com a baunilha e as sementes. Retire do fogo e deixe as favas de baunilha em infusão, cobertas, durante 15 minutos. Retire as favas e prossiga, a seguir, como a explicação acima.

Para 8 ramequins   Preparação: 20min   Cozimento: 1h

Pudim de caramelo

Creme
2 favas de baunilha
600ml de leite
400ml de creme de leite fresco
4 ovos inteiros
+ 4 gemas
200g de açúcar semoule

Caramelo
10 colheres (sopa) de água + 3 colheres (sopa) para redução
250g de açúcar semoule

MATERIAL
8 ramequins

1 ••• Com uma faca, parta a fava de baunilha ao meio no sentido do comprimento e raspe o interior para extrair as sementes. Despeje o leite e o creme de leite em uma panela, adicione as favas e as sementes. Ferva. Retire do fogo, cubra e deixe em infusão durante 15 minutos.

2 ••• Enquanto isso, em uma panela, ferva 10 colheres (sopa) de água e o açúcar até obter uma bela cor caramelo.
Retire do fogo e mergulhe imediatamente o fundo da panela na água fria para interromper o cozimento. Acrescente em seguida 3 colheres (sopa) de água quente, tomando cuidado para não ferver. Mexa de vez em quando para homogeneizar a água e o caramelo. Se o caramelo ficar muito grosso no fundo da panela, coloque de volta no fogo por 30 segundos e mexa com uma espátula de madeira para homogeneizar. Espalhe o caramelo no fundo dos ramequins, de maneira que fique com 3 a 4 milímetros de espessura. Deixe esfriar.

3 ••• Em uma tigela grande, bata as gemas e o açúcar até que a mistura fique levemente esbranquiçada. Retire as favas da mistura de leite com creme de leite e coloque-a para esquentar dentro de uma panela. Despeje 1/3 sobre a massa com gemas, misture um pouco usando um fouet sem deixar empelotar e acrescente o leite restante.

4 ••• Preaqueça o forno a 170°C.
Despeje a mistura nos ramequins até 2 a 3 milímetros de altura.
Coloque os ramequins em um refratário; encha de água até 5 milímetros de altura dos ramequins e leve ao forno. Deixe cozinhar em banho-maria por 1 hora.

5 ••• Retire do forno, deixe esfriar e reserve na geladeira.
Para desenformar os cremes, passe uma pequena faca, delicadamente, ao redor de cada ramequin e vire-os sobre uma bandeja para servir.

Para 8 potinhos *Preparação: 15min* *Cozimento: 1h* *Repouso: 2h*

Potinhos de creme de rosas

200ml de leite
250ml de creme
de leite fresco
3 gemas

85g de açúcar semoule
4 colheres (sopa) de
xarope de rosas

3 gotas de óleo
essencial natural
de rosas
3 colheres (sopa) de
água de rosas

Material
8 potinhos de 60ml

1. Em uma panela, ferva o leite e o creme de leite.
   Em uma vasilha grande, bata as gemas e o açúcar até que a mistura fique levemente esbranquiçada.
   Vá adicionando, sucessivamente, a mistura de leite com creme de leite, depois o xarope, o óleo essencial e, por fim, a água de rosas.

2. Preaqueça o forno a 100°C.
   Espalhe a mistura de rosas nos potinhos e coloque-os em um refratário ou uma assadeira. Encha a assadeira com água até 5 milímetros de altura dos potinhos e coloque no forno. Deixe cozinhar em banho-maria por 1 hora. O creme estará cozido quando engrossar. Verifique o cozimento com a ponta de uma faca: o creme deve estar firme.

3. Retire do forno e deixe esfriar. Coloque um papel-filme sobre os potinhos para evitar que haja acúmulo de umidade sobre o creme. Reserve por 2 horas na geladeira antes de degustar.

Para 8 pessoas   *Preparação: 1h + receita de base*   *Cozimento: 4min*

Ovos em neve

Ovos em neve
1l de leite
(pode ser substituído
por creme inglês)
10 claras
100g de açúcar semoule

Creme inglês
1l de creme inglês:
ver receita de base,
preparada com o leite
do cozimento das claras

Caramelo
100ml de água
400g de açúcar semoule

AS CLARAS EM NEVE

1. ••• Em fogo brando, usando uma frigideira com bordas altas, coloque o leite para esquentar (sem deixar ferver).

2. ••• Enquanto isso, em uma vasilha, comece a bater 5 claras em neve; assim que elas ficarem bem brancas e espumantes, adicione 50g de açúcar e continue a bater com o fouet até que elas ganhem consistência.

Com a ajuda de 2 colheres (sopa), previamente imersas em água, faça grandes nuvens de claras em neve. Coloque uma a uma na frigideira, deslizando a colher sobre o leite quente, para que as claras em neve se soltem.

Modele dessa forma todo o conteúdo preparado de claras em neve e diminua o fogo: o leite não deve ferver, senão as claras em neve desmancharão e ficarão com um aspecto de ovo frito. Deixe cozinhar por 2 minutos, vire e deixe cozinhar por mais 2 minutos.

Usando uma escumadeira, escorra as claras e deposite-as sobre um pano de prato úmido.

3 ••• Coloque o leite quente para esquentar novamente até ferver e recomece a operação com as outras 5 claras e os 50g de açúcar restantes.

O CREME INGLÊS

4 ••• Coe o leite, meça (por causa da evaporação) e complete com leite fresco para obter 1 litro.
Prepare o creme inglês conforme a receita de base. Deixe esfriar.

O CARAMELO

5 ••• Em uma panela, ferva a água com o açúcar até que fique com uma bela cor de caramelo.
Retire do fogo e mergulhe imediatamente a panela em água fria por 30 segundos para interromper o cozimento.
Retire a panela da água e mexa o caramelo com uma colher para ficar homogêneo. Cubra as clara em neve com o caramelo, tomando cuidado para não se queimar.
Se o caramelo estiver muito líquido, esfrie-o mais um pouco, mergulhando a panela novamente na água.

6 ••• Quando estiver em temperatura ambiente, despeje o creme inglês em uma travessa ou um prato de apresentação. Coloque delicadamente as claras em neve cobertas com caramelo por cima.

Conselho do Chef
Sirva o creme em temperatura ambiente e caramelize as claras 1 a 2 horas antes, de maneira que o caramelo comece a derreter levemente sobre as claras. Assim, a crosta de caramelo ficará mais fina e mais agradável de degustar.

Para 8 pessoas   Preparação: 30min   Repouso: 4h

Mousse de chocolate

320g de chocolate amargo com 70% de cacau
80g de manteiga
8 ovos inteiros
1 pitada de sal
80g de açúcar

1 barra de chocolate para decorar

Material
Um saco de confeiteiro com um bico canelado (por exemplo, 8 dentes e 18mm de diâmetro)

A mousse de chocolate

1. ••• Sobre uma tábua, pique o chocolate com uma faca.
   Em um recipiente em banho-maria, derreta o chocolate picado com a manteiga cortada em pedaços e misture-os.
   Quando a mistura estiver derretida, retire o recipiente do banho-maria e deixe esfriar até que fique completamente morna (18°C a 20°C).

2. ••• Separe as gemas das claras e despeje em uma bacia. Reserve as claras.

3. ••• Bata um pouco as gemas para liquefazê-las.
   Em uma vasilha, bata as claras em neve depois de ter adicionado a pitada de sal; quando elas ficarem bem brancas e espumantes, adicione o açúcar e continue a bater até que elas fiquem com uma consistência firme.
   A seguir, acrescente delicadamente as gemas e, com a ajuda de um fouet, mas sem bater, mexa partindo do centro do recipiente em direção às bordas para obter uma mistura homogênea.

4 ••• Adicione 1/4 da mistura de gemas e claras à preparação de manteiga com chocolate, misturando delicadamente com uma espátula flexível. Despeje tudo sobre os 3/4 restantes, sempre tomando o cuidado de colocar a espátula no meio da tigela para começar a mexer até as bordas e voltar em direção ao centro, misturando bem delicadamente.

A apresentação

5 ••• Em uma xícara grande, despeje a mousse de chocolate. Coloque na geladeira por 3 a 4 horas e cubra com raspas de chocolate. Elas podem ser obtidas passando as costas da faca sobre a barra de chocolate (veja a torta puro chocolate).

Para porções individuais, deixe a mousse de chocolate endurecer um pouco, levando à geladeira por aproximadamente 15 minutos. Despeje-a a seguir no saco de confeiteiro com bico canelado e recheie os ramequins, desenhando uma rosa no topo.

Para 6 a 8 pessoas   Preparação: 50min   Cozimento: 25min   Repouso: 1h

Arroz doce

60g de uvas-passas brancas
500g de arroz arbóreo
600ml de leite fresco
1 pitada de flor de sal
35g de açúcar semoule
2 gemas
30g de manteiga

1. ••• Coloque as uvas-passas de molho em uma tigela com água quente. Enxague o arroz em água fria. Coloque uma panela com água para ferver, cozinhe o arroz durante 1 minuto e depois escorra-o.

2. ••• Em outra panela, coloque o leite e o sal para ferver. Adicione o arroz e o açúcar. Deixe cozinhar em fogo brando por aproximadamente 20 minutos, até que o arroz tenha absorvido uma boa parte do líquido. Retire do fogo.

3. ••• Coloque as gemas em uma tigela grande.
Despeje 1/4 da mistura sobre as gemas, misturando rapidamente, e despeje tudo na panela.
Escorra as uvas-passas, que já devem estar amolecidas. Adicione-as ao arroz, juntamente com a manteiga, misture e coloque de volta ao fogo até que comece a ferver, mexendo com cuidado para que não grude no fundo da panela. Desligue o fogo.

4. ••• Despeje o arroz em uma assadeira, cubra-o com um papel-filme para evitar que resseque e crie uma película ao esfriar. Coloque-o por, no mínimo, 1 hora na geladeira. Recheie os ramequins com arroz doce. Essa sobremesa deve ser consumida fria.

Conselho do Chef
Esta preparação pode ser feita na véspera.

Para 8 verrines   Preparação: 3h + receita de base   Cozimento: 20min   Repouso: 1h

Verrines de rosas e framboesas

Bolachas champagne
Ver receita de base
para preparar com:
25g de farinha de trigo
25g de fécula
de batata
3 ovos inteiros
75g de açúcar semoule
20g de açúcar de
confeiteiro

**Creme bavaroise
de rosas**
4 folhas de gelatina
3 gemas
30g de açúcar semoule
250ml de leite
3 colheres (sopa) de
água de rosas
4 colheres (sopa) de
xarope de rosas
3 gotas de óleo
essencial natural
de rosas
350ml de creme de
leite fresco

**Xarope com aroma
de rosas**
100ml de água
2 colheres (sopa) de
água de rosas
125g de açúcar semoule
2 colheres (sopa) de
xarope de rosas

**Calda geleificada de
framboesa**
4 folhas de gelatina
750g de framboesas
70g de açúcar semoule
2 colheres (sopa) de
suco de limão-siciliano
3 colheres (sopa) de água
32 framboesas

1 rosa orgânica
e 8 framboesas
para decorar

MATERIAL
8 verrines de 180ml
(7cm de diâmetro
e 7cm de altura)

AS BOLACHAS CHAMPAGNE

1 •• Prepare as bolachas champagne antecipadamente, fazendo discos de massa com diâmetro 1 centímetro menor que a das verrines.

O CREME BAVAROISE DE ROSAS

2 ••• Coloque as folhas de gelatina para amolecer por 10 minutos em água bem fria.

Em uma vasilha, bata as gemas e o açúcar até que a mistura fique levemente esbranquiçada.

Escorra as folhas de gelatina e aperte bastante para tirar o excesso de água.

3 ••• Em uma panela, coloque o leite, a água de rosas e o xarope de rosas para ferver. Despeje 1/3 sobre a mistura de gemas com açúcar e mexa, usando um fouet. Despeje tudo na panela. Cozinhe em fogo brando, mexendo sem parar com uma colher de pau até que o creme engrosse. Ele não deve desgrudar da colher. Atenção: esse creme não pode ferver (o cozimento deve ser a 85°C).

Quando o creme adquirir uma consistência firme, retire imediatamente do fogo, adicione a gelatina amolecida para interromper o cozimento e depois despeje-o dentro de uma tigela grande. Mexa durante 5 minutos para que o creme bavaroise fique homogêneo. Deixe esfriar e acrescente as gotas de óleo essencial de rosas.

O XAROPE COM AROMA DE ROSAS

4 ••• Coloque a água e a água de rosas para ferver com o açúcar. Retire do fogo, adicione o xarope de rosas e deixe esfriar.

A calda geleificada de framboesa

5 ••• Coloque uma bacia semiesférica no congelador para que ela fique bem gelada.
Coloque as folhas de gelatina para amolecer por 10 minutos em água bem fria.
Usando um mixer ou um processador, misture as framboesas com o açúcar até obter uma consistência líquida.
Coe essa mistura em uma peneira com a ajuda de uma colher: aperte e raspe para extrair a polpa e eliminar as sementes de framboesas.
Para facilitar, despeje o suco de limão-siciliano e a água na peneira: dessa forma, você pode aproveitar toda a polpa.

6 ••• Em uma panela, aqueça 1/4 dessa mistura. Escorra as folhas de gelatina e aperte-as bastante para retirar o excesso de água: adicione o líquido morno mexendo para misturar. Despeje essa mistura sobre a polpa fria restante. Misture e despeje imediatamente uma primeira camada de calda nos copinhos. Coloque-os no congelador para que a calda possa geleificar.

•••

A FINALIZAÇÃO DO CREME BAVAROISE E A MONTAGEM

7 ••• Despeje o creme de leite bem frio na bacia que estava no congelador e bata rapidamente com um fouet até que ele engrosse e adquira uma consistência firme.

Bata rapidamente o creme bavaroise de rosas que acabou de geleificar e adicione-o delicadamente ao chantilly com a ajuda de uma espátula flexível. Reserve em temperatura ambiente.

8 ••• Retire os copinhos do congelador. Embeba levemente os discos de bolacha com xarope de rosas e coloque-os sobre a calda geleificada. Deposite 4 meias framboesas em cada copinho e cubra com o creme bavaroise. Leve ao congelador para geleificar (aproximadamente 10 minutos).

Repita as etapas anteriores: calda geleificada, bolacha, meias framboesas e creme bavaroise.

Quando a segunda camada de creme bavaroise geleificar, cubra com uma fina camada de calda.

Decore cada copinho com uma pétala de rosa e uma framboesa.

Para 8 verrines   Preparação: 3h   Cozimento: 20min   Repouso: 1h

Verrines de maracujá e coco

Biscoito de coco
40g de farinha de amêndoas
80g de açúcar de confeiteiro
40g de coco em pó
3 claras
30g de açúcar semoule

Calda geleificada de maracujá
3 folhas de gelatina
400g de suco de maracujá

Creme de maracujá
2 e 1/2 folhas de gelatina
60g de açúcar semoule
25g de amido de milho
320g de creme de leite fresco
300ml de suco de maracujá

Gelatina de coco
3 folhas de gelatina
200ml de leite fresco integral
50g de coco em pó
150g de polpa de coco

MATERIAL
8 verrines de 180ml (7cm de diâmetro e 7cm de altura)
Um saco de confeiteiro com bico de 10mm

O BISCOITO DE COCO

1. ••• Em uma tigela grande, misture a farinha de amêndoas, o açúcar de confeiteiro e o coco em pó.

Bata as claras em neve. Quando elas estiverem bem espumantes, adicione o açúcar semoule e continue a bater com um fouet para dissolver o açúcar.

Com a ajuda de uma espátula flexível, incorpore delicadamente as claras em neve à mistura de farinha com coco em pó.

2 ••• Preaqueça o forno a 170°C.
Sobre uma assadeira rasa forrada com papel-manteiga, usando o saco de confeiteiro com bico, faça 16 discos de biscoito com diâmetro inferior a 1 centímetro daquele das verrines. Leve ao forno e deixe assar durante 15 minutos. Deixe esfriar.

A CALDA GELEIFICADA DE MARACUJÁ

3 ••• Coloque as folhas de gelatina para amolecer por 10 minutos na água bem fria.
Em uma panela, aqueça 80ml de suco de maracujá.
Escorra as folhas de gelatina e aperte-as bastante para retirar o excesso de água; adicione-as ao líquido morno, mexendo para misturar. Despeje essa mistura sobre o suco frio restante. Misture e despeje imediatamente uma primeira camada de calda nas verrines. Coloque as verrines no congelador para que a calda endureça.

O CREME DE MARACUJÁ

4 ••• Coloque as folhas de gelatina para amolecer por 10 minutos em água fria. Coloque uma bacia semiesférica no congelador para que ela fique bem gelada.
Em uma vasilha, misture o açúcar e o amido de milho, depois acrescente 50g de creme de leite.
Em uma panela, coloque o suco e 120g de creme de leite para cozinhar

sem deixar ferver; despeje também uma parte sobre a mistura anterior e despeje tudo na panela. Ferva tudo mexendo com um fouet. Transfira esse creme de maracujá para uma tigela.

Escorra as folhas de gelatina e aperte-as bastante para retirar o excesso de água; adicione-as ao creme quente mexendo para que elas se misturem e depois deixe esfriar.

5 ••• Despeje o creme de leite restante (150g) bem frio na bacia que estava no congelador e bata rapidamente com um fouet até que ele engrosse e adquira uma consistência firme.

Bata o creme de maracujá e depois adicione delicadamente o chantilly usando uma espátula flexível.

A GELATINA DE COCO

6 ••• Coloque as folhas de gelatina para amolecer por 10 minutos em água fria. Em uma panela, coloque o leite para cozinhar, mas sem deixar ferver, adicione o coco em pó e mexa.

Escorra as folhas de gelatina e aperte-as bastante para retirar o excesso de água. Adicione o leite quente e mexa. Deixe esfriar até que fique em temperatura ambiente (18°C), depois acrescente a polpa de coco. Misture e reserve em temperatura ambiente.

•••

A montagem

7 •• Retire as verrines do congelador e deposite um disco de biscoito em cada uma, sobre a calda congelada. Depois, cubra com uma camada de creme de maracujá. Coloque as verrines no congelador para firmar o creme.

Coloque em seguida uma camada de gelatina de coco e depois volte ao congelador. Vá repetindo as camadas de creme de maracujá e de gelatina de coco; novamente, creme de maracujá e gelatina de coco. Em seguida, coloque um segundo biscoito e cubra com creme de maracujá.

Coloque no congelador para cada camada ficar bem firme e finalize com a calda de maracujá. Conserve na geladeira até o momento de servir.

Conselho do Chef

Você pode servir as verrines acompanhadas de uma pequena salada de frutas exóticas ou com um pedaço de polpa de coco.

Para 8 verrines   Preparação: 3h   Cozimento: 15min   Repouso: 1h

Verrines de pistache com cereja

Biscoito dacquois de pistaches
10g de pasta de pistaches
70g de farinha de amêndoas
80g de açúcar de confeiteiro
15g de pistaches inteiros
3 claras
30g de açúcar semoule

Creme bavaroise de pistaches
3 folhas de gelatina
3 gemas
35g de açúcar semoule
40g de pasta de pistaches
250ml de leite
280ml de creme de leite fresco
2 colheres (café) de kirsch

Cerejas cristalizadas
3 folhas de gelatina
100g de açúcar semoule
20g de geleificante pectina
70ml de água
700g de cerejas sem caroço

Massa sablê crocante
300g de massa: ver receita de base

MATERIAL
Um saco de confeiteiro com um bico redondo de 10mm

O BISCOITO DACQUOIS DE PISTACHES

1. ••• Coloque a pasta de pistaches em uma tigela.
No processador, triture a farinha de amêndoas, o açúcar refinado e os pistaches para obter um pó fino.
Preaqueça o forno a 170°C.
Bata as claras em neve. Quando elas estiverem bem espumantes, acrescente o açúcar semoule e continue a bater com um fouet para dissolver o açúcar.

2 ••• Desmanche a pasta de pistaches com uma parte das claras em neve e despeje tudo dentro do recipiente com as claras. Com a ajuda de uma espátula flexível, incorpore delicadamente as claras em neve à mistura de farinha e pistaches.

Sobre uma assadeira rasa forrada com uma folha de papel-manteiga, usando o saco de confeiteiro com bico, faça 16 discos de biscoito (2 por copinho) com diâmetro 1 centímetro menor que o dos copinhos.

Leve ao forno e deixe assar durante 15 minutos. Deixe esfriar.

Creme bavaroise de pistaches

3 ••• Coloque as folhas de gelatina para amolecer por 10 minutos em água bem fria.

Coloque uma bacia semiesférica no congelador para que ela fique bem gelada. Em uma vasilha, bata as gemas e o açúcar até que a mistura fique levemente esbranquiçada, depois acrescente a pasta de pistaches.

Escorra as folhas de gelatina e aperte-as bastante para retirar o excesso de água.

4 ••• Em uma panela, coloque o leite para aquecer, mas sem deixar ferver; despeje 1/3 sobre a mistura de gemas e açúcar e misture usando um fouet; despeje tudo na panela. Cozinhe em fogo brando, mexendo sem parar com uma colher de pau até que o creme engrosse. Ele não deve desgrudar da colher. Atenção: esse creme não deve ferver (o cozimento deve ser a 85°C).

Quando o creme adquirir uma consistência firme, retire imediatamente do fogo, adicione a gelatina amolecida para interromper o cozimento e depois despeje tudo em uma tigela grande. Mexa por 5 minutos para que o creme bavaroise fique homogêneo. Deixe esfriar.

CEREJAS CRISTALIZADAS

5 ••• Coloque as folhas de gelatina para amolecer por 10 minutos em água fria. Dentro de uma tigela grande, misture o açúcar e a pectina. Em uma panela, esquente a água e acrescente a mistura de açúcar com pectina. Quanto estiver bem quente, mas não estiver fervendo ainda, adicione as cerejas. Deixe cozinhar em fogo brando por 5 minutos. Retire do fogo e incorpore as folhas de gelatina. Transfira para uma assadeira e deixe esfriar por 10 minutos aproximadamente.

A MONTAGEM E A FINALIZAÇÃO DO CREME BAVAROISE

6 ••• Deposite uma primeira camada de cerejas cristalizadas nos copinhos. Leve ao congelador até que endureçam.

Enquanto isso, despeje o creme de leite bem frio na bacia que estava no congelador e bata rapidamente com um fouet, até que ele engrosse e adquira uma consistência firme.

Bata o creme bavaroise de pistaches frio e adicione o kirsch. Incorpore delicadamente o chantilly com uma espátula flexível. Reserve em temperatura ambiente.

7 ••• Retire os copinhos do congelador e, em cada um, deposite um disco de biscoito sobre as cerejas. Cubra com o creme bavaroise de pistaches. Leve ao congelador para endurecer (aproximadamente 10 minutos).

Deposite a segunda camada de cerejas cristalizadas depois de geleificadas e deixe por 10 minutos no congelador.

Cubra com creme bavaroise e deixe gelar novamente.

Decore cada verrine com a massa sablê crocante.

Para 8 verrines *Preparação: 30min + receitas de base* *Cozimento: 2h*

Verrines Mont-Blanc

Merengue
Massa de merengue:
ver receita
página 338

Cabelo de anjo de castanhas portuguesas
200g de massa de castanhas portuguesas sem açúcar
2 colheres (sopa) de rum
400g de purê de castanhas portuguesas sem açúcar
200g de creme de castanhas portuguesas

Chantilly
500g de chantilly: ver receita de base

8 marrons-glacês cortados ao meio para decorar

MATERIAL
8 copinhos de 180ml (7cm de diâmetro e 7cm de altura)
Um saco de confeiteiro com um bico redondo de 14mm
Um saco de confeiteiro com um bico perlê, na falta de um bico redondo de 10mm

O MERENGUE

1. ••• Prepare a massa do merengue: ver receita página 338. Preaqueça o forno a 100°C.

2. ••• Sobre uma folha de papel-manteiga, usando o saco de confeiteiro com um bico de 14 milímetros, faça discos em formato espiral com cerca de 6 centímetros de diâmetro. Leve ao forno e deixe assar por aproximadamente 2 horas.
   Retire os merengues do forno, deixe esfriar e depois coloque-os empilhados em um vidro hermeticamente fechado, livre de umidade.

O CABELO DE ANJO DE CASTANHAS PORTUGUESAS

3 ••• Dentro de uma vasilha, desmanche a massa de castanhas com o rum, acrescente a seguir o purê e o creme de castanhas portuguesas e mexa. Reserve em local fresco.

O CREME DE CHANTILLY

4 ••• Prepare o creme de chantilly (receita de base).

A MONTAGEM

5 ••• Usando o saco de confeiteiro com o bico perlê ou redondo de 10 milímetros (ou, na falta deles, com uma colher), recheie o fundo do copinho com uma camada de 2 centímetros de massa de cabelo de anjo de castanhas portuguesas.

Coloque um disco de merengue e cubra com uma bela rosa de chantilly. Decore com meio marrom-glacê.

OS BOLOS

Para 8 pessoas   Preparação: 4h   Cozimento: 37min   Repouso: 2h 50

Intensamente chocolate

Bolacha macaron de chocolate
85g de farinha de amêndoas
80g de açúcar de confeiteiro
5g de cacau em pó sem açúcar
20g de chocolate com no mínimo 70% de cacau
2 claras + 1 colher (sopa) de clara batida
70g de açúcar semoule

Biscoito de chocolate amargo
20g de farinha de trigo especial
15g de fécula de batata
10g de cacau em pó sem açúcar
2 ovos inteiros
50g de açúcar semoule

Xarope de cacau
250g de açúcar semoule
1 colher (sopa) de cacau em pó sem açúcar
5 colheres (sopa) de água

Ganache de chocolate amargo
125g de chocolate com no mínimo 70% de cacau
125ml de creme de leite fresco
30g de manteiga

Mousse de chocolate
4 ovos inteiros
40g de açúcar semoule
160g de chocolate com no mínimo 70% de cacau
40g de manteiga
1 pitada de sal

Glacê de chocolate
100g de chocolate com no mínimo 70% de cacau
80g de creme de leite fresco
40g de leite
20g de açúcar
20g de manteiga

Chocolate granulado amargo para decorar

MATERIAL
Um aro para montar torta de 20cm de diâmetro e 4cm de altura
Duas assadeiras rasas cobertas de papel-manteiga; desenhe 1 círculo de 20cm de diâmetro
Um saco de confeiteiro com um bico redondo de 10mm

A BOLACHA MACARON DE CHOCOLATE

1 ••• Prepare a bolacha conforme o método "bolacha macaron" indicado na receita do macaron de chocolate. Sobre uma das assadeiras preparadas, usando o saco de confeiteiro com bico, faça um disco de 20 centímetros de diâmetro. Leve ao forno por aproximadamente 25 minutos (forno a 150°C). Deixe esfriar.

O BISCOITO DE CHOCOLATE AMARGO

2 ••• Preaqueça o forno a 170°C.
Peneire a farinha, a fécula de batata e o cacau em pó.
Separe as gemas das claras. Em uma tigela, bata um pouco as gemas para liquefazê-las.

3 ••• Em uma vasilha, bata as claras em neve. Quando as claras estiverem brancas e espumantes, adicione o açúcar e continue a bater até que elas adquiram uma consistência bem firme.
A seguir, acrescente as gemas e misture um pouco, usando uma espátula flexível. Vá polvilhando a mistura de farinha com fécula de batata e cacau, misturando sempre e delicadamente.
Sobre a segunda assadeira preparada, usando o saco de confeiteiro com bico, faça um disco de 20 centímetros de diâmetro.
Leve ao forno e deixe assar por 12 minutos a 170°C.

O XAROPE DE CACAU

4 ••• Em uma panela, misture o açúcar e o cacau e adicione a água. Ferva e deixe esfriar.

O GANACHE DE CHOCOLATE AMARGO

5 ••• Sobre uma tábua, pique o chocolate em pedaços bem pequenos e coloque em uma vasilha. Em uma panela, coloque o creme de leite para ferver e despeje-o (em 3 vezes) sobre o chocolate picado, mexendo com uma espátula a cada vez para homogeneizar a mistura.

Corte a manteiga em pedaços pequenos e incorpore-os ao ganache até obter uma consistência bem lisa.

O INÍCIO DA MONTAGEM

6 ••• Corte discos de bolacha macaron de chocolate do tamanho do aro.

Coloque um papelão do tamanho do aro sobre um prato redondo. Posicione o aro, envolvendo-o com um pedaço de papel-alumínio para facilitar na hora de desenformar.

Coloque a bolacha macaron no fundo do aro. Despeje o ganache, reservando 5 colheres (sopa) para a cobertura do bolo. Leve à geladeira.

•••

A **MOUSSE DE CHOCOLATE**

7 ••• Seguindo o método indicado para a mousse de chocolate, faça uma mousse com as quantidades indicadas nesta receita.

Retire o aro montado da geladeira e, usando o saco de confeiteiro com bico, recheie, em espiral, com uma fina camada de mousse. Coloque o biscoito de chocolate por cima. Com a ajuda de um pincel, molhe-o com xarope de cacau.

Coloque mais mousse de chocolate até a altura do aro e alise a superfície. Reserve por 2 horas na geladeira.

Retire da geladeira e remova o aro e o papel-alumínio. Cubra o bolo com um papel-filme e coloque-o por 30 minutos no congelador para que ele fique bem frio.

O **GLACÊ DE CHOCOLATE AMARGO**

8 ••• Sobre uma tábua, pique o chocolate amargo. Em uma panela, coloque o creme de leite, o leite e o açúcar para ferver. Despeje o chocolate e misture. Adicione a manteiga e deixe esquentar.

9 ••• Coloque uma grelha sobre uma assadeira limpa.

Quando o glacê estiver bem quente, retire o bolo do congelador e coloque-o sobre a grelha. Remova o papel-filme e, em seguida, com uma concha, despeje o glacê sobre o bolo todo. Para terminar de espalhar, use uma espátula para alisar a cobertura. Deixe endurecer por 2 minutos.

Deslize a ponta de uma faca entre o papelão e a grelha para levantar

levemente o bolo; raspe o excesso de glacê e o aplique à base junto com o chocolate granulado.
Decore a parte de cima com um traço de chocolate branco e algumas raspas de chocolate amargo.

Conselho do Chef
Monte este bolo sobre uma embalagem de papelão do mesmo tamanho que o círculo, facilitando a remoção do prato de montagem para a grelha onde é colocada a cobertura e de lá, depois, retornado. Se não tiver a embalagem, utilize um papelão.

Para 8 pessoas *Preparação: 1h 30 + receitas de base*
Cozimento: 30min *Repouso: 2h*

Charlotte de framboesas

Bolachas champagne
Ver a receita página 334, dobrando as medidas

Xarope com aroma de rosas
Ver a receita de verrines de rosas com framboesas página 162, dividindo as medidas pela metade

Creme bávaro de rosas
Ver a receita de verrines de rosas com framboesas, acrescentando 1 folha de gelatina

500g de framboesas
1 rosa vermelha orgânica

MATERIAL
Um aro de montar torta de 20cm de diâmetro e 5cm de altura
Um saco de confeiteiro com um bico redondo de 10mm
Um saco de confeiteiro com um bico redondo de 14mm

AS BOLACHAS CHAMPAGNE

1 ••• Forre 3 assadeiras rasas com uma folha de papel-manteiga. Sobre 2 delas, desenhe um círculo de 19 centímetros de diâmetro.
Prepare a massa das bolachas conforme a receita de base, dobrando as medidas.

2 ••• Preaqueça o forno a 170°C.
Usando o saco de confeiteiro com o bico de 10 milímetros, faça bolachas de 6 centímetros de comprimento e 2 centímetros de largura sobre a folha restante.
Com uma peneira pequena ou um saleiro, polvilhe uma primeira vez as bolachas com açúcar de confeiteiro. Espere 10 minutos.

3 ••• Enquanto isso, com o saco de confeiteiro com um bico de 14 milímetros, desenhe 2 discos de bolachas em formato espiral sobre as outras 2 assadeiras.

Polvilhe novamente o açúcar de confeiteiro sobre as bolachas de 6 centímetros e em seguida leve as 3 assadeiras ao forno. Deixe assar por aproximadamente 10 minutos a 170°C, até obter uma bela cor dourada. Retire do forno e deixe esfriar.

O XAROPE COM AROMA DE ROSAS E O CREME BÁVARO DE ROSAS

4 ••• Prepare o xarope (metade das medidas) conforme a receita de verrines de rosas com framboesas, assim como o creme bávaro, acrescentando uma folha de gelatina por causa da altura da charlotte.

A MONTAGEM

5 ••• Se necessário, apare os discos de biscoito depois de assados para que eles se encaixem perfeitamente dentro do aro. Eles devem ter 1 centímetro de espessura. Se eles estiverem muito inchados, retire um pouco da espessura. Coloque o primeiro biscoito dentro do aro, umedeça-o levemente com o xarope usando um pincel. A seguir, posicione as bolachas champagne verticalmente no interior do aro com a parte de cima voltada para fora.

6 ••• Reserve a quantidade de framboesas necessária para a cobertura da charlotte.
Com uma concha, despeje uma fina camada de creme bávaro e aplique algumas framboesas, espaçadas umas das outras. Recheie novamente com creme bávaro até cobrir totalmente as framboesas. Coloque o segundo disco de biscoitos e recomece a operação anterior: creme bávaro, framboesas e creme bávaro.
Reserve a charlotte na geladeira por 2 horas.

Decore toda a superfície com as framboesas frescas reservadas e com as pétalas de rosas.

Para 8 pessoas *Preparação: 1h 30 + receitas de base*
Cozimento: 10min *Repouso: 2h*

Charlotte de ruibarbo e morangos

Compota de ruibarbo
240g de ruibarbo descascado e picado
20g de açúcar semoule + 25g
6g de geleificante pectina
4 folhas de gelatina
50g de água

Bolachas champagne
Ver a receita página 334, dobrando as medidas
Corante alimentício verde

Creme bavaroise de morango
250g de morangos
5 folhas de gelatina
3 gemas
75g de açúcar semoule
100ml de leite
150ml de creme de leite fresco

375g de morangos de tamanho médio para a montagem

MATERIAL
Um aro para montar torta de 20cm de diâmetro e 5cm de altura
Um saco de confeiteiro com um bico redondo de 10mm

A COMPOTA DE RUIBARBO

1 ••• Prepare a compota conforme o método indicado na receita das tortinhas de ruibarbo com morangos silvestres.

AS BOLACHAS CHAMPAGNE

2 ••• Forre 3 assadeiras rasas com uma folha de papel-manteiga. Sobre 2 delas, desenhe um aro para montar torta de 20 centímetros de diâmetro, e sobre a outra restante um retângulo de 32 centímetros por 12.
Prepare a massa de bolacha conforme a receita de base, dobrando as medidas e acrescentando uma pitada de corante verde.

3 ••• Preaqueça o forno a 170°C.
Com uma espátula para bolo, circunde com massa de bolacha o interior do retângulo desenhado com uma espessura de 5 milímetros.
Usando o saco de confeiteiro com bico, faça 2 discos de bolacha em formato espiral sobre as outras assadeiras. Leve ao forno imediatamente as três assadeiras.
Deixe assar por 10 minutos. Retire do forno e deixe esfriar.

O CREME BAVAROISE DE MORANGOS

4 ••• Coloque uma bacia semiesférica no congelador para que ela fique bem gelada.
Lave os morangos, escorra-os sobre um pano de prato e retire os cabinhos. Coloque as folhas de gelatina para amolecer por 10 minutos em água fria. Em uma vasilha, bata as gemas e o açúcar até que a mistura fique levemente esbranquiçada.
Escorra as folhas de gelatina e aperte-as bastante para retirar o excesso de água.

5 ••• Em uma panela, coloque o leite para esquentar, mas sem deixar ferver. Despeje 1/3 sobre a mistura de ovos com açúcar, mexendo com um fouet; depois despeje tudo na panela. Cozinhe em fogo brando, mexendo sem parar com uma colher de pau, até que o creme engrosse. Ele não deve desgrudar da colher. Atenção: esse creme não deve ferver (o cozimento deve ser a 85°C).
Quando o creme adquirir uma consistência firme, retire-o imediatamente do fogo, adicione a gelatina amolecida para interromper o cozimento e

passe tudo para uma tigela grande. Mexa durante 5 minutos para que o creme bávaro fique homogêneo. Deixe esfriar.

Acrescente os morangos sem cabos. Misture. Reserve na geladeira até que o creme bávaro comece a geleificar.

O INÍCIO DA MONTAGEM

6. ••• Vire o retângulo de bolacha sobre uma folha de papel-manteiga e descole delicadamente a folha sobre a qual ele foi assado. Corte 2 tiras de 5 centímetros de largura. Coloque uma primeira faixa dentro do aro, forrando a lateral, procurando cobrir principalmente sua altura. Coloque a segunda, na continuação, e corte o excedente com uma faca pequena.

7. ••• Se necessário, apare os discos de biscoito depois de assados para que eles se encaixem perfeitamente dentro do aro.

Eles devem ter 1 centímetro de espessura. Se eles estiverem muito inchados, retire um pouco da espessura. Coloque um disco de biscoito dentro do aro. Recheie com compota de ruibarbo geleificada e reserve na geladeira.

A FINALIZAÇÃO DO CREME BAVAROISE E O FIM DA MONTAGEM

8. ••• Despeje o creme de leite bem frio dentro da bacia que estava no congelador e bata rapidamente até que ele engrosse e adquira uma consistência firme.

Bata o creme bavaroise de morangos que acabou de geleificar e adicione-o delicadamente ao chantilly com a ajuda de uma espátula flexível. Reserve em temperatura ambiente.

9 ••• Lave os morangos para a montagem, escorra-os sobre um pano de prato e retire os cabinhos. Pique 125 gramas em fatias de 5 milímetros de espessura.

Com uma concha, despeje uma fina camada de creme bávaro para rechear a meia altura e depois coloque o segundo biscoito (espessura de 1 centímetro). Disponha as fatias de morangos e cubra até chegar à borda com o creme bávaro.

Reserve na geladeira por 2 horas.

Decore harmoniosamente a parte de cima com os 250 gramas de morangos restantes, cortados ao meio.

Para 8 pessoas   *Preparação: 1h 30 + receita de base*
Cozimento: 1h 50   *Repouso: 2h 30*

Duquesa

Dedos de merengue
Ver receita página 338
preparada com:
60g de açúcar de
confeiteiro
2 claras
60g de açúcar semoule

**Biscoito mole
de nozes**
80g de nozes
65g de açúcar de
confeiteiro
30g de farinha de trigo
especial
35g de farinha de
amêndoas
4 claras
50g de açúcar mascavo

**Creme de castanhas
portuguesas**
50g de marzipã
1 colher (café) de rum
100g de purê de
castanhas portuguesas
sem açúcar
50g de creme de
castanhas portuguesas

**Mousse de castanhas
portuguesas**
360ml de creme de
leite fresco
2 folhas de gelatina
200g de marzipã
2 colheres (sopa) de
licor de nozes
30g de purê de
castanhas portuguesas
30g de creme de
castanhas portuguesas

150g de marrons-glacês
picadas para a
montagem

**Glacê de chocolate
ao leite**
150g de chocolate ao
leite com 39% de cacau
60g de creme de leite
fresco
30g de leite
15g de açúcar semoule
15g de manteiga

1 marrom-glacê
para decorar

Material
Um saco de confeiteiro
com um bico de 8mm
Um saco de confeiteiro
com um bico de 10mm
Um aro de 20cm de
diâmetro e 4cm de
altura

Os dedos de merengue

1. ••• Preaqueça o forno a 100°C.

   Conforme a receita de base, prepare um merengue. Sobre a assadeira forrada com uma folha de papel-manteiga, usando um saco de confeiteiro com bico de 8 milímetros, faça tiras de merengue de 4 centímetros de comprimento por 1 de largura (conte 65 deles). Para facilitar, desenhe sobre a folha de papel-manteiga 6 traços espaçados 4 centímetros uns dos outros.

   Usando uma peneira pequena ou um saleiro, polvilhe os merengues com açúcar de confeiteiro.

2. ••• Espere 5 minutos, polvilhe novamente o açúcar nos merengues e leve ao forno em seguida.

   Deixe assar por aproximadamente 1 hora e meia. Os merengues devem estar secos e assarem devagar; fique olhando para que eles não mudem de cor muito rapidamente.

   Deixe os merengues esfriarem e conserve-os em um vidro hermeticamente fechado.

O biscoito mole de nozes

3. ••• Forre 2 assadeiras bem rasas com uma folha de papel-manteiga.

   Desenhe 1 círculo de 20 centímetros de diâmetro sobre cada uma.

   Sobre uma tábua, pique as nozes em pedaços de no máximo 5 milímetros, para que elas possam passar no bico de 10 milímetros.

   Peneire o açúcar de confeiteiro e a farinha. Misture com a farinha de amêndoas e as nozes picadas.

4 ••• Bata as claras em neve. Quando elas estiverem bem espumantes, acrescente o açúcar mascavo e continue a bater com um fouet para dissolvê-lo. Usando uma espátula flexível, incorpore delicadamente as claras em neve à mistura em pó obtida.
Preaqueça o forno a 170 °C.
Sobre as assadeiras, usando o saco de confeiteiro com o bico de 10 milímetros, desenhe 2 discos de biscoito em formato de espiral. Leve ao forno e deixe assar durante 20 minutos.
Retire do forno e deixe esfriar.

O creme de castanhas portuguesas

5 ••• Desmanche o marzipã com o rum. Acrescente o purê e o creme de castanhas portuguesas.

A mousse de castanhas portuguesas

6 ••• Coloque uma bacia semiesférica no congelador para que ela congele. Conserve o creme de leite na geladeira até a hora de usar.
Coloque as folhas de gelatina para amolecer por 10 minutos em água fria.
Desmanche o marzipã com o licor de nozes, adicione a seguir o purê e o creme de castanhas portuguesas.

•••

7 ... Escorra as folhas de gelatina e aperte-as bastante para retirar o excesso de água.
Em uma panela, despeje 40ml de creme de leite para esquentar, mas sem deixar ferver e adicione a gelatina amolecida. Remova 1/4 da mistura de castanhas que deve ficar à temperatura ambiente (se ela estiver fria, aqueça no microondas ou em banho-maria), adicione-a ao creme e despeje sobre a massa de castanhas restante.

8 ... Coloque o creme de leite restante (320ml) na bacia e bata rapidamente com um fouet, se possível elétrico, até que ele fique suficientemente firme.
Usando uma espátula flexível, acrescente, delicadamente, o chantilly em 3 partes na mistura de castanhas portuguesas.

A MONTAGEM

9 ... Coloque um papelão do tamanho do aro sobre um prato redondo. Posicione o aro e proteja com um pedaço de papel-alumínio para facilitar a remoção.
Corte os discos de biscoito de nozes do tamanho do seu aro.
Deposite um biscoito de nozes no fundo do aro. Usando o saco de confeiteiro com bico de 10 milímetros, recheie o disco com uma camada de mousse de castanhas portuguesas até meia altura do aro. Salpique os pedaços de marrons-glacês sobre toda a superfície.

10 ••· Com uma colher, espalhe regularmente o creme de castanhas portuguesas sobre o segundo biscoito. Em seguida, deposite-o no aro. Recheie com a mousse de castanhas portuguesas na altura do aro e alise. Reserve na geladeira por 2 horas e depois retire o aro. Cubra o bolo com um papel-filme e coloque-o por 30 minutos no congelador para que ele fique bem frio.

O GLACÊ DE CHOCOLATE AO LEITE

11 ••· Sobre uma tábua, pique o chocolate. Coloque o creme de leite, o leite e o açúcar para ferver. Despeje o chocolate e misture. Acrescente a manteiga esquente a mistura.

Coloque uma grelha sobre uma assadeira bem limpa.

Quando o glacê estiver morno, retire o bolo do congelador e deposite-o sobre a grelha. Retire o papel-filme e, usando uma concha, cubra imediatamente toda a duquesa com o glacê. Termine de espalhar e alise a cobertura com uma espátula.

Deixe endurecer por 2 minutos. Coloque sobre o prato de apresentação, decore o contorno com os dedos de merengue e coloque 1 marrom-glacê em cima.

Conselho do Chef

Monte este bolo sobre um fundo removível do mesmo tamanho do aro para facilitar a remoção do prato de montagem para a grelha onde é colocada a cobertura, e de lá, depois, retornado. Se não tiver a embalagem, utilize um papelão duro coberto com papel-alumínio.

Para 8 pessoas   *Preparação: 2h*   *Cozimento: 25min*   *Repouso: 1h*

Divino

Biscoito de amêndoas com pedaços de torrone
100g de farinha de amêndoas
80g de açúcar de confeiteiro + 10g para decorar
40g de farinha de trigo especial
5 claras
110g de açúcar semoule
25g de pedaços de torrone

Creme mousseline de torrone
125g de manteiga
250ml de leite
2 gemas
75g de açúcar semoule
25g de amido de milho
200g de creme de torrone
110g de pedaços de torrone

Calda geleificada de framboesas
2 folhas de gelatina
1/2 limão-siciliano
300g de framboesas
35g de açúcar semoule
3 colheres (sopa) de água

375g de framboesas
Açúcar de confeiteiro para a finalização

MATERIAL
Um saco de confeiteiro com um bico de 10mm

O BISCOITO DE AMÊNDOAS COM PEDAÇOS DE TORRONE

1 ••• Forre 2 assadeiras rasas com uma folha de papel-manteiga. Desenhe sobre cada folha 1 círculo de 22,5 centímetros de diâmetro.

2 ••• Em uma tigela grande, misture a farinha de amêndoas, o açúcar de confeiteiro e a farinha de trigo.
Bata as claras em neve. Quando estiverem bem espumantes, acrescente o açúcar semoule e continue a bater com o fouet para dissolver.
Com a ajuda de uma espátula flexível, incorpore delicadamente as claras em neve à mistura de farinha de amêndoas.

3 ••• Preaqueça o forno a 170°C.
Sobre cada assadeira, usando o saco de confeiteiro com bico, faça um disco de biscoito em forma de espiral. Salpique os pedaços de torrone por cima. Leve as 2 assadeiras ao forno e deixe assar por 20 minutos. Retire do forno e deixe esfriar.

O CREME MOUSSELINE DE TORRONE

4 ••• Retire a manteiga da geladeira para deixá-la amolecer.
Em uma panela, esquente o leite, mas sem deixar ferver.
Em uma vasilha, bata as gemas e o açúcar até que a mistura fique levemente esbranquiçada. Adicione o amido de milho. Despeje 1/3 do leite quente sobre a mistura de gemas, açúcar e amido de milho, misturando com um fouet. Depois despeje o líquido na panela. Leve à fervura, mexendo com o fouet e tomando o cuidado de raspar as paredes da panela.

5 ••• Retire o creme do fogo e deixe esfriar por 10 minutos, de maneira que ele continue quente, mas sem borbulhar. Adicione metade da manteiga. Despeje o creme mousseline em um refratário, cubra com um papel-filme e deixe esfriar.

A CALDA GELEIFICADA DE FRAMBOESAS

6 ••· Coloque as folhas de gelatina para amolecer por 10 minutos em água fria. Esprema a metade do limão-siciliano para extrair o suco. Reserve.

Com um mixer ou em uma batedeira tipo planetária, misture as framboesas com o açúcar até obter uma consistência líquida. Coe essa mistura em uma peneira com a ajuda de uma colher: aperte e raspe para extrair a polpa e eliminar as sementes de framboesas. Para facilitar, despeje o suco de limão-siciliano e as colheres (sopa) de água na peneira: dessa forma, você pode aproveitar toda a polpa.

7 ••· Em uma panela, aqueça 1/4 dessa mistura. Escorra as folhas de gelatina e aperte-as bastante para retirar o excesso de água: adicione ao líquido morno, mexendo para que misturem. Despeje essa mistura sobre a polpa fria. Reserve por 30 minutos na geladeira para a calda geleificar.

A FINALIZAÇÃO DO CREME MOUSSELINE DE TORRONE

8 ••· O creme mousseline deve estar em temperatura ambiente. Se ele ainda estiver um pouco quente, coloque-o durante 10 minutos na geladeira para terminar de esfriar.

Bata-o com uma batedeira elétrica para obter uma consistência lisa, adicione o creme de torrone e a outra metade da manteiga. Bata novamente para emulsificar e homogeneizar o creme. Adicione, então, os pedaços de torrone.

•••

A MONTAGEM

9 ••• Reserve as framboesas para decorar a parte de cima do Divino.
Coloque o primeiro biscoito de amêndoas sobre um refratário. Usando o saco de confeiteiro com bico, coloque uma fina camada de creme mousseline em forma de espiral. Arranje as framboesas começando pela borda e indo em direção ao centro. Afunde-as um pouco para que o creme se espalhe entre elas.

10 ••• Com uma espátula, cubra com uma camada de creme para ter uma superfície plana. Usando o saco de confeiteiro com bico, desenhe uma bela coroa de creme. Coloque por 30 minutos no congelador. Em seguida, despeje uma camada de 5 a 6 milímetros de calda. Leve à geladeira para geleificar.
Vire o segundo biscoito para baixo, cubra-o com uma fina camada de creme e coloque-o por cima da calda geleificada.
Polvilhe suavemente o açúcar de confeiteiro. Decore com as framboesas. Reserve na geladeira.

Conselho do Chef

Retire o Divino da geladeira 20 minutos antes de servir.
Sirva-o acompanhado de uma calda de framboesas.

Para 8 pessoas *Preparação: 2h + receita de base* *Cozimento: 30min* *Repouso: 2h*

Morangueiro, framboeseiro

Pão-de-ló de amêndoas
50g de manteiga
+ 20g para untar
200g de farinha de trigo especial + 20g para untar
6 ovos
200g de açúcar semoule
50g de farinha de amêndoas

Xarope de kirsch
100ml de água
100g de açúcar
40ml de kirsch
40ml de licor de framboesa

Creme mousseline de pistaches
Ver receita de base
700g de morangos

Massa de amêndoas com pistaches
250g de pasta de amêndoas
25g de pasta de pistaches

MATERIAL
Uma forma de bolo de 21 a 22cm de diâmetro
Uma forma com fundo removível de 20cm de diâmetro
Um saco de confeiteiro com um bico de 10mm

O PÃO-DE-LÓ DE AMÊNDOAS E O XAROPE DE KIRSCH

1. ••• Com ajuda de um pincel, unte a forma com a manteiga derretida. Coloque-a na geladeira por 15 minutos para que a manteira endureça.
Peneire a farinha de trigo. Em uma panela pequena, derreta a manteiga em fogo brando.

2. ••• Prepare um banho-maria fervente. Em uma bacia semiesférica, misture os ovos e o açúcar.
Preaqueça o forno a 170°C.
Coloque a bacia em banho-maria e bata até que a mistura esquente (aproximadamente 50°C), engrosse, fique branca e triplique de volume.

•••

Bata por 10 minutos com um fouet elétrico e por 15 minutos com um fouet manual. Retire a mistura do banho-maria e continue a bater até esfriar completamente.

3 ••• Com a ajuda de uma espátula flexível, incorpore aos poucos a farinha peneirada, a farinha de amêndoas e, por fim, a manteiga derretida. Para misturar delicadamente, posicione a espátula no centro do recipiente e vá em direção às bordas, voltando novamente para o centro e girando o recipiente de vez em quando. Você deve obter uma mistura lisa e homogênea.

Enfarinhe um pouco a forma e elimine o excesso, dando palmadinhas para espalhar. Em seguida, despeje a mistura, leve ao forno e deixe assar por aproximadamente 30 minutos.

4 ••• Durante o cozimento do pão-de-ló, prepare o xarope de kirsch.

Dentro de uma panela, ferva a água com o açúcar e depois deixe esfriar. Despeje o kirsch e o licor de framboesa no xarope frio.

Verifique o cozimento do pão-de-ló, enfiando a ponta de uma faca no centro. Ela deve sair limpa e seca, sem sinal de massa.

Retire do forno, deixe esfriar por 5 minutos e desenforme sobre uma grelha. Deixe esfriar.

O CREME MOUSSELINE DE PISTACHES

5 ••• Prepare o creme mousseline (receita de base) até a etapa de resfriamento.

Enquanto isso, lave os morangos, seque-os com um pano de prato e retire os cabinhos.

Em uma vasilha, bata o creme frio na batedeira para alisar; acrescente a massa de pistaches e a outra metade da manteiga. Bata novamente para emulsificar e alisar o creme.

A MONTAGEM

6 ••• Usando uma faca de serra, retire a casca do pão-de-ló e corte horizontalmente 2 discos de 1 centímetro de espessura. A seguir, corte os discos de pão-de-ló do tamanho da forma removível.

7 ••• Coloque na forma um primeiro disco de pão-de-ló. Regue levemente com o xarope de kirsch. Usando o saco de confeiteiro com bico, espalhe uma camada de creme mousseline em formato espiral. Aplique os meios morangos em torno de toda lateral interna da forma, de maneira que as fatias apareçam depois que desenformar.

Em seguida, recheie o centro com morangos inteiros, afundando-as no creme. Cubra com o creme mousseline na altura dos morangos. Coloque o segundo disco de pão-de-ló e regue levemente com xarope. Complete até a altura da forma com o creme de pistaches e alise-o para igualar.

•••

A cobertura com pasta de amêndoas e pistaches

8. Misture, com as mãos, a pasta de amêndoas e a de pistaches. Sobre uma superfície lisa estique a massa, deixando-a com 1 milímetro de espessura. Coloque por cima do morangueiro e retire o excedente.

   Coloque o morangueiro na geladeira por 2 horas.

   Retire da forma e decore a parte de cima com morangos cortados ao meio.

Variante

Para preparar um framboeseiro, substitua os 700 gramas de morangos por 700 gramas de framboesas.

Para 8 pessoas   Preparação: 2h + receita de base   Cozimento: 20 a 25min

Harmonia

Bolacha macaron de pistaches
150g de farinha de amêndoas
75g de pistaches crus descascados
210g de açúcar de confeiteiro
5 claras + 1
175g de açúcar semoule
Corante alimentício verde

Creme mousseline de pistaches
Ver receita de base
40g de pistaches crus descascados

400g de morangos
100g de framboesas

MATERIAL
Um saco de confeiteiro com um bico de 10mm

A BOLACHA MACARON DE PISTACHES

1 ••• Forre 2 assadeiras rasas com uma folha de papel-manteiga. Desenhe 1 círculo de 25 centímetros de diâmetro sobre cada uma delas.
No processador, triture a farinha de amêndoas, os pistaches e o açúcar de confeiteiro para obter um pó fino. Peneire.

2 ••• Bata as 5 claras em neve. Quando estiver com uma consistência bem espumante, acrescente 1/3 do açúcar semoule, continue a bater para dissolver o açúcar; acrescente mais 1/3 do açúcar semoule e bata durante aproximadamente 1 minuto. Por fim, acrescente o restante do açúcar e bata novamente por mais 1 minuto.

Com a ajuda de uma espátula flexível, incorpore delicadamente as claras em neve à mistura de farinha de amêndoas, pistaches e açúcar de confeiteiro peneirados. Acrescente então 1 clara previamente batida em uma tigela e uma pitada de corante verde. Misture a massa delicadamente para que ela se incorpore e amoleça com facilidade.

3 ••· Sobre uma das assadeiras, com o saco de confeiteiro com bico, desenhe uma coroa de bolacha macaron que servirá de borda. Sobre a outra assadeira, faça um disco de bolacha em forma de espiral.
Preaqueça o forno a 160°C.
Deixe descansar ao ar livre por 10 minutos antes de levar ao forno, assim elas crescerão um pouco. Coloque a coroa para assar por aproximadamente 15 minutos e o disco por 20 a 25 minutos.
Retire as assadeiras do forno e deixe esfriar. Não tente desenformar enquanto estiver quente, pois a coroa pode se quebrar.

O creme mousseline de pistaches

4 ••· Prepare o creme mousseline (receita de base) até a etapa de resfriamento.
Enquanto isso, sobre uma tábua ou em um processador pequeno, triture os pistaches.
Lave os morangos, seque-os com um pano de prato e retire os cabinhos.

5 ••• Na batedeira, bata o creme frio para homogeneizar; acrescente a pasta de pistaches e depois a outra metade da manteiga. Bata novamente para emulsificar e alisar o creme. A seguir, adicione os pistaches triturados.

A montagem

6 ••• Vire o disco de macaron sobre um prato. Usando o saco de confeiteiro com bico, espalhe uma camada de meio centímetro de creme em forma de espiral.

Coloque, com cuidado, a coroa de macaron sobre o disco coberto com creme.

Corte os morangos ao meio no sentido do comprimento e arranje-os harmoniosamente sobre o fundo de bolacha recheada. A seguir, arrume as framboesas.

Conselho do Chef
Sirva acompanhado de calda de framboesas (ou de framboesas frescas) e de sorvete de pistaches.

Para 8 pessoas   *Preparação: 1h 30 + receitas de base*   *Repouso: 2h*

Mil-folhas pralinê

Massa folhada caramelizada
Ver receita de base

Creme mousseline pralinê
Ver receita de base

Amêndoas e avelãs caramelizadas
2 colheres (sopa) de água
70g de açúcar semoule
50g de amêndoas inteiras
50g de avelãs inteiras

Pralinê crocante de amêndoas e avelãs caramelizadas
35g de chocolate ao leite
10g de manteiga
150g de pralinê de amêndoas e avelãs
60g de crepes dentelles

Açúcar demerara para decorar

MATERIAL
Um termômetro
Um saco de confeiteiro com um bico de 10mm

A MASSA FOLHADA CARAMELIZADA

1. ••• Prepare antecipadamente a massa folhada caramelizada (receita de base) para obter 3 retângulos de 18 centímetros por 24.

O CREME MOUSSELINE PRALINÊ

2. ••• Prepare o creme mousseline (receita de base) até a etapa de resfriamento.

As amêndoas e avelãs caramelizadas

3 ••• Ferva a água e o açúcar por 2 minutos a 118°C, se você dispuser de um termômetro). Adicione as amêndoas e as avelãs e mexa fora do fogo até que a mistura fique arenosa. Volte para o fogo médio e mexa devagar até caramelizar o açúcar ao redor das amêndoas e das avelãs.

Desligue o fogo e envolva as amêndoas e as avelãs em uma folha de papel-manteiga. Deixe esfriar.

O pralinê crocante de amêndoas e avelãs caramelizadas

4 ••• Sobre uma tábua, pique o chocolate.

Dentro de um recipiente colocado em banho-maria ou no microondas em potência média, faça fundir o chocolate picado e a manteiga cortada em pedaços sem esquentar muito. Retire a mistura do banho-maria: ela deve estar morna para as etapas seguintes.

Acrescente o pralinê e os crepes dentelles despedaçados.

Sobre uma folha de papel-manteiga, espalhe essa mistura para obter um retângulo de 18 centímetros por 24. Leve ao congelador para poder descolar posteriormente com mais facilidade.

A finalização do creme pralinê e a montagem

5 ••• Na batedeira, homogeinize o creme mousseline frio; adicione o pralinê e depois a outra metade da manteiga. Bata novamente para emulsificar e alisar o creme.

6 ••• Corte 3 retângulos de massa folhada caramelizada de 18 centímetros por 24. É fundamental obter 2 retângulos em um único pedaço, um para a parte de cima e um para a parte de baixo, que você coloca sobre o prato de apresentação; o retângulo do meio pode ser montado com vários pedaços juntos.
Pique as amêndoas e as avelãs caramelizadas em pedaços grandes.

7 ••• Usando o saco de confeiteiro com bico, recheie a primeira camada de massa folhada com 250 gramas de creme mousseline pralinê. Salpique algumas amêndoas e avelãs caramelizadas picadas.
Coloque o segundo retângulo de massa folhada e recheie novamente com 125 gramas de creme mousseline. Coloque a camada de pralinê crocante, virando-a de baixo para cima depois, para retirar o papel-manteiga. Por fim, recheie com os 125 gramas restantes de creme mousseline e coloque o último retângulo de massa folhada.
Decore com açúcar demerara. Reserve em local fresco.

OS PÃES DOCES

Para 12 brioches individuais de 60g ou 24 minibrioches de 30g
Preparação: 30min + receita de base Cozimento: 15min Repouso: 2h 30

Brioches doces

750g de massa para brioche: ver receita de base

20g de farinha de trigo para trabalhar a massa
1 ovo inteiro

80g de cristais de açúcar

1 ••• Sobre uma superfície enfarinhada, enrole a massa em forma de rolo. Corte pedaços de massa em tamanhos iguais, pesando em torno de 50 gramas.

2 ••• Com a palma da mão, achate cada pedaço e dobre sobre ele mesmo para formar uma bolinha bem firme.
Coloque as bolas sobre uma assadeira forrada com papel-manteiga e deixe descansar em temperatura ambiente.
Espere a massa dobrar o volume (aproximadamente 2 horas e meia). Quanto mais a temperatura aumenta (sem passar dos 30°C), mais rapidamente ela cresce.

Conselho do Chef
Quando você colocar as bolas de massa para crescer, cubra-as com um pano de prato fino e úmido para evitar que a massa resseque.

3 ••• Preaqueça o forno a 180°C.
Em uma tigela, quebre um ovo e bata como omelete. Depois, usando um pincel, pincele as bolas de massa. Decore a parte de cima dos brioches com cristais de açúcar.
Leve ao forno e deixe assar por 12 a 15 minutos até que eles fiquem dourados.

4 ••• Retire os brioches do forno. Deixe-os esfriar um pouco e saboreie ainda mornos.

Para 8 bostocks   *Preparação: 1h + receita de base*   *Cozimento: 12min*

Bostocks

Xarope com aroma de flor-de-laranjeira
250ml de água
375g de açúcar semoule
30g de farinha de amêndoas
25g de água de flor-de-laranjeira

Brioche
1 brioche mousseline (redondo) de 20cm de altura ou Nanterre (retangular) de 20cm de comprimento
5 colheres (sopa) de rum escuro envelhecido

Creme de amêndoas
160g de creme de amêndoas: ver receita de base
100g de amêndoas laminadas
20g de açúcar de confeiteiro para a finalização

MATERIAL
Um saco de confeiteiro com um bico de 10mm

O XAROPE COM AROMA DE FLOR-DE-LARANJEIRA

1 ••• Em uma panela, coloque a água, o açúcar e a farinha de amêndoas para ferver. Retire do fogo e acrescente a água de flor-de-laranjeira.

O BRIOCHE

2 ••• Corte o brioche em fatias de 2cm de espessura.
Usando uma escumadeira, mergulhe rapidamente as fatias, uma a uma, no xarope ainda quente para que elas fiquem bem encharcadas. Escorra-as sobre uma grelha depositada sobre uma assadeira. Deixe esfriar. Coloque as fatias de brioche sobre a assadeira forrada com uma folha de papel-manteiga ou com papel-alumínio. Borrife rum levemente.

O CREME DE AMÊNDOAS

3 ••• Prepare o creme de amêndoas (receita de base). Preaqueça o forno a 170°C. Usando o saco de confeiteiro com bico, cubra as fatias com uma fina camada de 2 milímetros de creme de amêndoas. Salpique as amêndoas laminadas por cima.

4 ••• Leve ao forno os bostocks e asse por aproximadamente 12 minutos. Deixe esfriar e polvilhe o açúcar de confeiteiro.
Os bostocks devem ser consumidos no mesmo dia.

Para 12 kouglofs ou 2 kouglofs grandes
Preparação: 1h 30 + receita de base   Cozimento: 20 a 40min   Repouso: 7h 30

Kouglof

Brioche
150g de uvas-passas brancas da África do Sul
750g de massa de brioche: ver receita de base
50g de manteiga para untar
+ 50g para os kouglofs

Xarope com aroma de flor-de-laranjeira
200ml de água
300g de açúcar semoule
25g de farinha de amêndoas
20g de água de flor-de-laranjeira

Açúcar de confeiteiro para a finalização

MATERIAL
12 formas individuais para kouglof ou
2 formas de 19cm de diâmetro

O BRIOCHE

1. ••• Coloque as uvas-passas de molho por 1 hora em água quente para hidratar. Enquanto isso, prepare a massa de brioche seguindo as indicações da receita de base, etapas 1 e 2. Amasse a mistura e, por fim, acrescente as uvas-passas escorridas e secas em um pano de prato.

2. ••• Como se faz com a massa de brioche, transfira a massa para uma vasilha e depois cubra-a com um pano de prato úmido ou com um papel-filme e coloque-a em temperatura ambiente. Deixe-a dobrar o volume (aproximadamente 2 horas e meia).
Abra a massa para lhe devolver seu volume inicial, dobrando-a sobre ela mesma. Coloque a massa na geladeira por 2 horas e meia; ela vai retomar o volume todo ao esfriar. Dobre-a novamente sobre ela mesma. A massa está pronta para ser utilizada.

3 ••• Unte as formas.

Pese pedaços de massa de 70 gramas (para os kouglofs individuais), ou divida a massa ao meio. Amasse cada pedaço para abaixar um pouco e dobre as bordas na direção do centro para formar uma bola.

Passe o seu rolo na farinha, apoie no centro de cada bola e depois vire de ponta cabeça, posicionando-os nas formas.

Espere até que a massa dobre de volume (aproximadamente 2 horas e meia) em temperatura ambiente.

Quanto mais alta for a temperatura (sem passar de 30°C), mais rápido é o crescimento.

O xarope com aroma de flor-de-laranjeira

4 ••• Em uma panela, coloque a água e o açúcar para ferver, depois retire do fogo. A seguir acrescente a farinha de amêndoas. Aqueça e depois adicione a água de flor-de-laranjeira.

Os kouglofs

5 ••• Preaqueça o forno a 180°C. Coloque no forno os kouglofs e asse por 20 minutos as individuais e 40 minutos as grandes. Retire do forno e deixe esfriar por 5 minutos.

Desenforme os kouglofs e, em uma tigela, passe-os no xarope morno ou coloque-os sobre uma grelha e borrife o xarope várias vezes.

Pincele-os com a manteiga derretida: dessa forma eles ficarão bem macios. Polvilhe o açúcar de confeiteiro e deguste.

Para 12 kouign amann individuais
Preparação: 1h   Cozimento: 25min   Repouso: 3h 15

Kouign amann

250g de farinha de trigo especial
25g de farinha de trigo sarraceno
1 colher (café) de flor de sal

5g de fermento biológico
175ml de água
225g de manteiga
+ 20g para untar
225g de açúcar semoule

Material
Aros de 9cm de diâmetro

1   ••• Despeje as farinhas dentro de uma tigela grande. Coloque o sal de um lado e o fermento esmigalhado de outro. Atenção: o fermento não deve ficar em contato com o sal antes que você comece a misturar a massa, pois ele perderá as suas propriedades.
Acrescente a água e misture até que a massa fique homogênea. Deixe a massa crescer por 1 hora em temperatura ambiente.

2   ••• Coloque a manteiga sobre uma folha de papel-manteiga. Com a ajuda de um rolo, trabalhe a manteiga, alisando por cima.
Com o papel-manteiga, dobre a manteiga sobre ela mesma e continue a amolecê-la. Ela deve ter a mesma textura que a massa.

•••

3 ••• Abra a massa em um retângulo de aproximadamente 20 x 60 centímetros. Aplique a manteiga sobre 2/3 do comprimento.
Dobre 1/3 da massa sem manteiga sobre 1/3 da massa com manteiga e, depois, dobre a última parte sobre todo o restante. Deixe descansar por 30 minutos na geladeira.
Abra a massa em formato retangular, dobre-o em 3. Deixe descansar novamente por 30 minutos na geladeira.

4 ••• Sobre uma superfície enfarinhada com açúcar semoule, abra a massa, salpicando o açúcar. Dobre-a em 3. Deixe descansar por 30 minutos na geladeira.
Sempre com açúcar semoule embaixo e em cima, finalmente estique a massa deixando-a com 4 centímetros de espessura para obter uma massa de aproximadamente 22 x 55 centímetros.
Desenhe um quadriculado na massa de 11 x 11 centímetros e corte.

5 ••• Em cada kouign amann, recolha os 4 cantos no centro de cada quadrado; aperte com a palma da mão, dobre um pouco os cantos obtidos e aperte novamente com a palma da mão.
Preaqueça o forno a 180°C.
Coloque os pedaços de massa nas formas untadas com manteiga. Deixe dobrar o volume por aproximadamente 45 minutos.
Leve ao forno e deixe assar por aproximadamente 25 minutos.

Conselho do Chef

Deve ser consumido no mesmo dia para que o kouign amann tenha todas as suas qualidades de sabor e de textura preservadas. Sirva-o à temperatura ambiente.

Para 20 beignets   Preparação: 1h   Cozimento: 3 a 4min   Repouso: 4h 30

Beignets de framboesa

Geleia de framboesas
250g de geleia de framboesas:
ver receita em macarons de framboesa página 24

Levedo
265g de farinha de trigo especial
5g de fermento biológico
170ml de água

Massa dos beignets
235g de farinha de trigo especial + 20g para o repouso
65g de açúcar semoule
60g de fermento biológico
10g de sal
5 gemas
50ml de leite
65g de manteiga

Açúcar para decorar
50g de açúcar semoule
2 pitadas de canela em pó

MATERIAL
Um saco de confeiteiro com um bico redondo de 10mm
1 fritadeira

Prepare a geleia de framboesas antecipadamente.

O LEVEDO

1. ••· Coloque a farinha em uma vasilha. Dilua 5g de fermento biológico em água morna e despeje-o sobre a farinha. Misture.
Em temperatura ambiente, deixe o fermento dobrar de volume por aproximadamente 1 hora.

A massa dos beignets

2 ••• Coloque em uma tigela grande a farinha e o açúcar, depois separadamente, sem entrar em contato antes de misturar, o fermento biológico e o sal.

Acrescente as gemas e despeje o leite. A seguir, misture todos os ingredientes até que a massa desgrude completamente das paredes do recipiente e acrescente a manteiga amolecida. Adicione o fermento já preparado e misture até que a homogeneização seja completa.

Deixe a massa dobrar o volume durante 1 hora, então amasse-a para reduzir novamente. Forme uma bola e deixe descansar por 30 minutos em ambiente frio.

Os beignets

3 ••• Assim que a massa esfriar, pese pedaços de 50 gramas e faça bolinhas ao dobrar a massa sobre ela mesma. Em seguida coloque as bolinhas sobre um pano de prato enfarinhado que deve estar em local quente (25 a 30°C) para dobrar o volume; deixe descansar por aproximadamente 1 hora e meia.

4 ••• Preaqueça a fritadeira a 160/170°C. Mergulhe delicadamente os beignets no óleo quente.

Frite cada lado de 3 a 4 minutos até ficarem dourados.

Retire com a ajuda de uma escumadeira e escorra-os sobre um papel-toalha.

5 ••• Deixe esfriar. Usando um saco de confeiteiro com bico, recheie os beignets com a geleia de framboesas.

A seguir, misture o açúcar e a canela e passe os beignets sobre eles.

Para 20 crostolis   *Preparação: 30min*   *Cozimento: 2 ou 3min*   *Repouso: 1h*

Crostoli

1 limão-siciliano orgânico
25g de açúcar semoule
2 pitadas de flor de sal
2 colheres (sopa) de água de flor-de-laranjeira

2 ovos inteiros
75g de manteiga
250g de farinha de trigo especial + 20g para trabalhar a massa
20g de açúcar de confeiteiro para a finalização

Material
Uma fritadeira
Um cortador de pizza canelado (opcional)

1 ••• Com um ralador, retire raspas da casca do limão-siciliano e misture com o açúcar.
Em outro recipiente, dissolva o sal na água de flor-de-laranjeira. Reserve.
Retire os ovos da geladeira.

2 ••• Coloque a manteiga para amolecer no microondas ou em banho-maria para que ela fique com uma consistência pastosa, mas sem derreter. Acrescente a mistura de açúcar com raspas de limão-siciliano e bata até obter um creme.
Adicione um a um os ovos em temperatura ambiente e junte a mistura de sal com água de flor-de-laranjeira.
Acrescente a farinha e misture até obter uma massa homogênea.
Deixe a massa descansar por 1 hora.

3 ••• Divida a massa em 2 ou 3 pedaços (uma massa menor é mais fácil de abrir). Sobre uma superfície enfarinhada, estique a massa deixando-a com 1 milímetro de espessura. Use um rolo.

Com o cortador de pizza ou uma faca, corte a massa em losangos de 10 centímetros de comprimentos por 4 a 5 centímetros de largura.

No meio de cada losango, faça um corte de 3 centímetros no sentido do comprimento.

4 ••• Coloque os crostolis para fritar por aproximadamente 2 minutos em óleo quente, virando-os uma vez durante o cozimento.

Escorra-os sobre papel-toalha, deixe esfriar e polvilhe açúcar de confeiteiro.

Para 30 a 40 financiers, dependendo das formas
Preparação: 20min   Cozimento: 8min   Repouso: no mínimo 12h

Financiers

95g de manteiga + 20g para untar
195g de açúcar de confeiteiro
70g de farinha de trigo especial + 20g para untar

65g de farinha de amêndoas
2 pitadas de fermento em pó
6 claras
1 colher (café) de essência de baunilha

MATERIAL
Formas para minifinanciers (2,5 x 5cm) ou formas de financiers individuais (4,5 x 8,5cm) ou formas de barquetes (9 x 4cm)

A massa de financier deve ser preparada, de preferência, na véspera do cozimento.

1 ••• Em uma panela, derreta a manteiga em fogo médio até que ela vá escurecendo. Quando ela estiver com a cor de avelã, mergulhe o fundo do recipiente na água fria para interromper a coloração. Mantenha aquecida.

2 ••• Em uma vasilha, misture o açúcar de confeiteiro, a farinha de trigo e a farinha de amêndoas (se preferir, misture tudo na batedeira). Adicione o fermento em pó à mistura obtida, acrescente a seguir as claras, aos poucos, para não empelotar e mexa com uma espátula. Despeje a baunilha e, por fim, a manteiga cor de avelã ainda morna; misture.
Reserve a massa de financier na geladeira por no mínimo 12 horas.

3 ••· No dia seguinte, derreta 20g de manteiga e, usando um pincel, unte as formas.
Coloque-as em lugar frio por 10 minutos para que a manteiga endureça. Preaqueça o forno a 210°C.
Quando as formas estiverem bem frias, enfarinhe-as um pouco e retire o excesso de farinha, virando-as e dando palmadinhas. Recheie com a massa de financier até 3/4 da altura.

4 ••· Leve ao forno e deixe assar de 6 a 8 minutos. Quando os financiers estiverem bem dourados, retire-os do forno. Deixe-os esfriar um pouco. Desenforme-os e deixe-os sobre uma grelha para que eles possam esfriar completamente.

Conselhos do Chef
Você pode conservar a massa crua de 2 a 3 dias na geladeira em um recipiente com tampa; retire e asse a qualquer momento que desejar.

Depois de assados, os financiers também podem ser conservados durante 3 a 4 dias; nesse caso, eles tem de ser conservados em ambiente refrigerado, dentro de um recipiente hermeticamente fechado.

Para 20 financiers   Preparação: 20min   Cozimento: 8min   Repouso: no mínimo 12h

Financiers de pistache

125g de manteiga
+ 20g para as formas
55g de açúcar de confeiteiro
50g de farinha de trigo especial
15g de farinha de pistaches

35g de farinha de amêndoas
3 pitadas de fermento químico
4 claras
25g de creme de pistaches

MATERIAL
Formas de minifinanciers
(2,5 x 5cm) ou formas de financier individuais de (4,5 x 8,5cm) ou formas de barquetes de (9 x 4cm)

Conselhos do Chef
Você pode conservar a massa crua de 2 a 3 dias na geladeira em um recipiente com tampa; retire e asse a qualquer momento que desejar.
Depois de assados, os financiers podem ser conservados durante 3 a 4 dias; nesse caso, eles têm de ser conservados em ambiente refrigerado, dentro de um recipiente hermeticamente fechado.

A massa de financier deve ser preparada, de preferência, na véspera do cozimento.

1. ••• Em uma panela, derreta a manteiga em fogo médio.
Em uma vasilha, misture o açúcar de confeiteiro, a farinha de trigo, a farinha de pistaches e o fermento químico. Incorpore as claras, aos poucos, para não empelotar e mexa com uma espátula.

2. ••• Em uma tigela, misture a pasta de pistaches com um pouco da mistura acima e despeje tudo de volta na vasilha. Adicione a manteiga amolecida e misture. Reserve a massa na geladeira por, no mínimo, 12 horas.

3. ••• No dia seguinte, preaqueça o forno a 210°C.
Derreta 20g de manteiga e, usando um pincel, unte as formas. Recheie com a massa de financier até 3/4 da altura.

4. ••• Leve ao forno e deixe assar de 6 a 8 minutos. Quando os financiers estiverem bem dourados, retire-os do forno. Deixe-os esfriar um pouco. Desenforme e deixe-os sobre uma grelha para que eles possam esfriar completamente.

Para 24 madeleines individuais ou 60 minimadeleines
Preparação: 20min   Cozimento: 10min   Repouso: no mínimo 12h

Madeleines

2 limões-sicilianos orgânicos
160g de açúcar semoule
175g de farinha de trigo especial + 20g para untar

10g de fermento químico em pó
180g de manteiga + 20g para untar
4 ovos inteiros
35g de mel silvestre ou mel de acácia

MATERIAL
Formas para madeleine

A massa deve ser preparada na véspera.

1 ••• Com um ralador, retire raspas da casca dos limões-sicilianos. Em uma tigela grande, misture as raspas de limão-siciliano com o açúcar. Em outro recipiente, peneire juntos a farinha e o fermento em pó. Derreta a manteiga em fogo brando dentro de uma panela pequena.

2 ••• Em uma vasilha, bata os ovos, o açúcar, as raspas de limão-siciliano e o mel até a mistura ficar com consistência de mousse. Acrescente em seguida a mistura de farinha com fermento. Por fim, adicione a manteiga derretida. Reserve a massa por no mínimo 12 horas na geladeira, dentro de um recipiente tampado.

3 ••• No dia seguinte, derreta 20g de manteiga e, usando um pincel, unte as formas de madeleine. Coloque as formas na geladeira por 15 minutos para que a manteiga endureça. A seguir, enfarinhe-as um pouco e retire o excesso de farinha, virando-as e dando palmadinhas. Se você não as rechear imediatamente, conserve-as em local frio.

4 ••• Preaqueça o forno a 200°C.
Preencha as formas com a massa até 3/4 da altura. Leve ao forno. Para as minimadeleines, considere de 5 a 6 minutos no forno, e de 8 a 10 minutos para as individuais. Quando as madeleines estiverem bem douradas, deixa-as esfriar um pouco e depois desenforme.

Conselhos do Chef
Sirva as madeleines mornas. Se quiser servir mais tarde, deixe as madeleines esfriarem e guarde-as em um recipiente hermeticamente fechado para conservar toda a sua maciez.

De preferência, utilize as formas antiaderentes; contudo, é necessário untar as formas com manteiga e, depois, farinha.

Para 20 cannelés *Preparação: 30min* *Cozimento: 1h* *Repouso: 24h*

Cannelés bordelais

1 fava de baunilha
500ml de leite
50g de manteiga
+ 40g para untar
2 ovos + 2 gemas

240g de açúcar de confeiteiro
1 e 1/2 colher (sopa) de rum escuro envelhecido

110g de farinha de trigo especial
+ 20g para untar

MATERIAL
20 formas para cannelés de 5,5cm de diâmetro

A massa de cannelés deve ser preparada na véspera.

1 ••• Com uma faca, parta a fava de baunilha ao meio no sentido do comprimento e raspe o interior para extrair as sementes. Despeje o leite em uma panela, acrescente a fava e as sementes e leve à fervura. Retire do fogo, cubra e deixe em infusão por 1 hora. Retire a fava e deixe esfriar. Derreta a manteiga e deixe esfriar. Com um fouet, misture em uma vasilha os ovos inteiros, as gemas e o açúcar de confeiteiro peneirado. Continuando a bater com o fouet, adicione os ingredientes na seguinte ordem: o rum, a manteiga derretida, a farinha peneirada e o leite com baunilha. Conserve a mistura por, no mínimo, 12 horas na geladeira.

2 ••• Unte as formas para cannelés com a manteiga amolecida e coloque-as na geladeira por 15 minutos para que a manteiga endureça. Enfarinhe-as levemente e retire o excesso de farinha, virando-as e dando palmadinhas; reserve em ambiente frio, se não for usar imediatamente. Elas só devem ser preenchidas no momento de levar ao forno, quando ele já estiver quente.

3 ••• Preaqueça o forno a 180°C. Recheie as formas bem frias com a massa até 1/2cm da borda e asse por 1 hora na mesma temperatura. Pode ser que os cannelés inchem com o cozimento: basta furá-los com a ponta de uma faca. O exterior dos cannelés deve ficar marrom escuro, como dizem: "quando ficar preto, está assado". Desenforme imediatamente sobre uma grelha e deixe esfriar. Saboreie os cannelés em temperatura ambiente.

Conselhos do Chef
Os cannelés não podem ser guardados, devem ser consumidos no mesmo dia. Em compensação, você pode preparar a massa antecipadamente e conservá-la na geladeira por 2 a 3 dias. Amasse-a novamente antes de cada utilização.

A escolha das formas é importante. Se possível, evite as de silicone e prefira as formas de cobre: você obterá um resultado incomparável.
Nesse caso, antes da primeira utilização, unte-as pincelando um pouco de óleo.
Deixe-as viradas de boca para baixo sobre uma grelha e coloque-as por 20 minutos em um forno preaquecido a 250ºC. Uma película protetora e antiaderente se formará se você untar bem as formas antes de cada utilização. Evite lavá-las para não ter de repetir a operação. Para limpá-las, basta passar um papel-toalha sobre as formas ainda quentes.

Para 8 fatias de brioche   *Preparação: 20min*   *Cozimento: 5min*

Pain (ou brioche) perdu

1/2 fava de baunilha
400ml de creme de leite fresco
4 gemas
80g de açúcar semoule
1 brioche mousseline (redondo) de 20cm de altura ou Nanterre (retangular) de 20cm de comprimento
20g de manteiga

1 ••• Com uma faca, parta a fava de baunilha ao meio no sentido do comprimento e raspe o interior para extrair as sementes. Despeje o creme de leite em uma panela e acrescente a fava e as sementes.
Ferva. Retire do fogo, cubra e deixe em infusão por 1 hora até esfriar completamente. Retire a fava de baunilha.

2 ••• Em uma tigela, bata as gemas e o açúcar até que a mistura fique levemente esbranquiçada. Acrescente então o creme que estava em infusão, mexendo com uma espátula.

Conselhos do Chef
De preferência, use um brioche levemente envelhecido (2 dias). Depois de fritar, você pode borrifar o pain perdu com maple syrup ou melado de cana.

3 ••• Corte o brioche em fatias de aproximadamente 2cm de espessura. Retire a casca.
Derreta um pedaço de manteiga do tamanho de uma avelã em uma frigideira grande. Mergulhe as fatias inteiras na preparação anterior, escorra-as um pouco e coloque-as na frigideira.
Frite por aproximadamente 1 minuto de cada lado até obter uma cor dourada.
Sirva imediatamente.

Para 10 chaussons de maçã   Preparação: 1h + receita de base   Cozimento: 40min   Repouso: 2h

Chaussons de maçãs

Massa folhada
500g de massa:
ver receita de base
20g de farinha
para trabalhar a massa
1 ovo inteiro para
pincelar

Compota de maçãs
750g de maçãs
100g de manteiga
100g de açúcar semoule
1 pitada de baunilha
em pó
50ml de água
1/2 limão-siciliano

Fatias de maçã
2 maçãs verdes

Xarope
50ml de água
50g de açúcar

MATERIAL
Um forma oval
Um pincel

A MASSA FOLHADA

1. •• Sobre uma superfície enfarinhada, abra a massa até ficar com 2 milímetros de espessura.
   Usando a forma, corte 10 peças ovais de massa. Espalhe-as sobre uma assadeira, sobrepondo-as e reserve em ambiente frio por 1 hora.

A COMPOTA DE MAÇÃS

2. •• Descasque as maçãs, corte-as em 4, retire o miolo e divida em pedaços de 2 a 3 milímetros de espessura.
   Em uma panela, derreta a manteiga e passe as fatias de maçã. Acrescente o açúcar, a baunilha em pó, a água e o suco do meio limão-siciliano. Tampe

••

e deixe cozinhar em fogo médio por aproximadamente 10 minutos até que as maçãs fiquem tenras, translúcidas e comecem a amolecer.

Para que a compota não fique líquida, esta receita deve ser feita com pouca água: portanto, é importante observar o cozimento e tampar cuidadosamente a panela para evitar que a água evapore e as maçãs escureçam e grudem no fundo. Se necessário, termine de cozinhar em fogo brando, mexendo sempre.

Retire do fogo e deixe esfriar.

As fatias de maçã

3 ••• Descasque as maçãs e corte-as em 8 pedaços. Retire o miolo e corte cada quarto em fatias de 2 milímetros de espessura. Acrescente as fatias à compota de maçãs fria.

O recheio

4 ••• Pegue uma peça de massa oval e, com um pincel úmido, umedeça com um pouco de água as bordas de uma metade. Recheie o centro com 2 colheradas bem servidas de compota e dobre a massa por cima para fechar as bordas, apertando um pouco.

Faça da mesma forma com todas os chaussons e coloque-os sobre uma assadeira coberta com papel-manteiga, virando-os de cima para baixo.

5 ••· Em uma tigela, bata o ovo e pincele a parte de cima dos chaussons com ele. Risque a superfície com a ponta de uma faca, desenhando uma semifolha.
Deixe descansar por 1 hora na geladeira.
Preaqueça o forno a 180°C. Quando estiver quente, leve ao forno e deixe assar os chaussons por aproximadamente 40 minutos.

O XAROPE

6 ••· Enquanto isso, prepare o xarope. Ferva a água com o açúcar. Reserve o xarope. Usando um pincel, umedeça os chaussons de maçã assim que retirar do forno.

Os bolos para café da tarde e doçuras

Para 8 a 10 pessoas   Preparação: 1h 30   Cozimento: 55min   Repouso: no mínimo 12h

Bolo de limão-siciliano

Fatias de limão cozidas
3 limões-sicilianos orgânicos
250ml de água
125g de açúcar

Massa do bolo de limão
75g de manteiga
+ 15g para untar

210g de farinha
+ 10g para untar
6g de fermento em pó
1 limão-siciliano orgânico
250g de açúcar semoule
3 ovos inteiros
110g de creme de leite fresco
1 pitada de flor de sal
25g de rum

Xarope de limão
125ml de água
120g de açúcar semoule
60g de suco de limão-siciliano

Geleia de limão
50g de geleia de limão
1 colher (sopa) de água

MATERIAL
Uma forma para bolo de 25cm de comprimento, 8cm de largura e 8cm de altura

AS FATIAS DE LIMÃO COZIDAS

1. •• Na véspera, corte os limões-sicilianos em fatias finas de 2 milímetros de espessura.
Ferva a água e o açúcar, adicionando delicadamente as fatias de limão. Deixe cozinhar por 20 minutos em fogo brando sem ferver. Deixe esfriar. Conserve na geladeira por no mínimo 12 horas.
Reserve 6 fatias de limão-siciliano bem bonitas para decorar o bolo.
Escorra cuidadosamente as outras, pese 120 gramas no máximo e corte-as ao meio.

A massa do bolo de limão

2 ••• Unte a forma do bolo e coloque no fundo um retângulo de papel-manteiga para facilitar na hora de desenformar. Coloque a forma por 10 minutos na geladeira para que a manteiga endureça. Retire, enfarinhe imediatamente e vá dando palmadinhas enquanto vira a forma para retirar o excesso de farinha.

3 ••• Em uma panela pequena, aqueça a manteiga até que ela derreta; desligue o fogo imediatamente.
Peneire a farinha e o fermento em pó em uma pequena tigela. Utilizando um ralador, raspe a casca do limão-siciliano e, dentro de uma vasilha, misture o açúcar com as raspas de limão. Acrescente os ovos um a um, bata e despeje o creme de leite, o sal e o rum sem parar de bater. Usando uma espátula de madeira ou flexível, incorpore à mistura de farinha com fermento, as fatias de limão-siciliano cortadas e por fim a manteiga derretida ainda morna.

4 ••• Preaqueça o forno a 210°C.
Encha a forma de bolo até 2 centímetros da borda. Leve ao forno por 10 minutos, retire e, usando uma faca, faça um corte no sentido do comprimento sobre a casca que se formou. Volte imediatamente ao forno a 180°C e deixe assar por 45 minutos. Verifique o cozimento enfiando a ponta de uma faca no centro do bolo: ela deve sair limpa e seca, sem sinal de massa.

O XAROPE DE LIMÃO

5 ••• Durante o cozimento do bolo, prepare o xarope. Ferva a água, o açúcar e o suco de limão-siciliano. Retire do fogo.
6 ••• Quando o bolo estiver assado, desenforme e coloque-o sobre uma grelha depositada sobre uma assadeira funda. Esquente o xarope de novo até ferver, depois regue generosamente o bolo com uma concha. Recolha o xarope que escorreu sobre a assadeira e repita a operação duas vezes. Deixe esfriar.
Decore o bolo com as fatias de limão-siciliano cozidas.

A GELEIA DE LIMÃO

7 ••• Aqueça a geleia de limão-siciliano misturada com a água, mas sem deixar levantar fervura (aproximadamente 50 a 60°C) para obter uma consistência firme. Coloque a cobertura no bolo.

Conselho do Chef
Conserve este bolo na geladeira em uma embalagem ou um recipiente hermeticamente fechado. Conforme preferir, você pode saborear o bolo frio, ou retirá-lo 1 hora antes de consumir para que ele fique mais macio.

Para 8 a 10 pessoas   *Preparação: 1h 30*   *Cozimento: 55min*   *Repouso: no mínimo 12h*

Bolo de chocolate e laranja

Fatias de laranja cozidas
1 laranja
200ml de água
100g de açúcar semoule

Massa de bolo de chocolate
75g de uvas-passas brancas (de molho desde a véspera)
150g de manteiga
+ 15g para untar
120g de farinha
+ 10g para untar
30g de cacau em pó sem açúcar
5g de fermento em pó
150g de açúcar semoule
3 ovos inteiros
210g de cubos de laranja cristalizada

Xarope de laranja
150g de suco de laranja
120g de açúcar semoule
80ml de licor de laranja

Geleia de laranja
50g de geleia de laranja
1 colher (sopa) de água

Material
Uma forma de bolo de 25cm de comprimento, 8cm de largura e 8cm de altura

As fatias de laranja cozidas

1. Na véspera, corte a laranja em fatias finas de 2 milímetros de espessura.
Ferva a água e o açúcar e acrescente delicadamente as fatias de laranja. Deixe cozinhar por 30 minutos em fogo brando sem levantar fervura. Deixe esfriar. Escorra cuidadosamente e conserve na geladeira.

A MASSA DO BOLO DE CHOCOLATE

2 ••· Na véspera, coloque as uvas-passas em uma tigela, cubra-as com água quente, deixando passar 1 centímetro acima. Envolva a tigela com papel-filme e deixe as uvas-passas hidratando por no mínimo 12 horas em temperatura ambiente. Escorra-as cuidadosamente.

3 ••· Unte a forma do bolo, depois coloque no fundo um retângulo de papel-manteiga para facilitar na hora de desenformar. Coloque a forma por 10 minutos na geladeira para que a manteiga endureça. Retire, enfarinhe imediatamente e vá dando palmadinhas enquanto virar a forma para retirar o excesso de farinha.

4 ••· Deixe a manteiga e os ovos em temperatura ambiente.
Em uma vasilha, peneire o cacau em pó, a farinha, o fermento e misture. Dentro de outro recipiente, bata a manteiga até obter uma consistência pastosa. Adicione então o açúcar e bata rapidamente. Sem parar de bater, incorpore os ovos, um a um. Usando uma espátula de madeira ou flexível, adicione a mistura de cacau. Por fim, acrescente as uvas-passas escorridas e os cubos de laranja cristalizada.

5 ••· Preaqueça o forno a 220°C. Encha a forma com o bolo até 2 centímetros da borda. Leve ao forno por 10 minutos, retire e, usando uma faca, faça um corte sobre a casca que se formou, no sentido do comprimento. Volte imediatamente ao forno a 180°C e deixe assar por 45 minutos. Verifique o cozimento enfiando a ponta de uma faca no centro do bolo: ela deve sair limpa e seca, sem sinal de massa.

O xarope de laranja

6 ••• Enquanto o bolo cozinha, prepare o xarope. Ferva o suco de laranja e o açúcar.
Retire do fogo e despeje o licor de laranja.

7 ••• Quando o bolo estiver assado, desenforme e coloque-o sobre uma grelha depositada sobre uma assadeira funda. Esquente o xarope novamente até ferver, depois regue generosamente o bolo com uma concha. Recolha o xarope que escorreu sobre a assadeira e repita a operação duas vezes. Deixe esfriar.
Decore a parte de cima com as fatias de laranja cozidas.

A geleia de laranja

8 ••• Aqueça a geleia de laranja misturada com a água, mas sem deixar levantar fervura (aproximadamente de 50 a 60°C) para obter uma consistência firme. Coloque a cobertura no bolo.

Para 8 a 10 pessoas *Preparação: 1h 30* *Cozimento: 55min* *Repouso: 12h + 24h*

Pão de especiarias

150ml de água
10g de badiana ou anis-estrelado
75g de manteiga + 20g para untar
100g de açúcar semoule
100g de mel de castanheira

1 laranja orgânica
1 limão-siciliano orgânico
110g de farinha de centeio
115g de farinha de trigo + 20g para untar

5g de fermento em pó
5g de canela em pó
3g de quatre épices em pó
30g de laranjas cristalizadas em cubos

Material

Uma forma de bolo de 25cm de comprimento, 8cm de largura e 8cm de altura

1 ••• De preferência, esta etapa deve ser preparada de véspera.
Em uma panela, ferva a água, a badiana, a manteiga, o açúcar e o mel. Retire do fogo, cubra, deixe em infusão por 2 horas e filtre.
Deixe esfriar em temperatura ambiente até o dia seguinte.

2 ••• No dia seguinte, unte a forma do bolo, e coloque no fundo um retângulo de papel-manteiga para facilitar na hora de desenformar. Coloque a forma por 10 minutos na geladeira para que a manteiga endureça. Retire e enfarinhe imediatamente. Elimine o excesso de farinha ao virar a forma dando palmadinhas leves.

3 ••• Usando um ralador, raspe a casca da laranja e do limão-siciliano.
Em uma vasilha, peneire juntos as farinhas, o fermento e as quatre épices. Adicione as raspas do limão-siciliano e da laranja e os cubos de laranja cristalizada.
Despeje o líquido frio, aos poucos, mexendo com a ajuda de uma espátula de madeira como se fosse uma massa de crepe para não empelotar.

4 ••• Preaqueça o forno a 210°C.
Encha a forma com massa de pão de especiarias até 2 centímetros da borda. Leve ao forno por 10 minutos. Retire-os do forno e, usando uma faca, faça um corte sobre a casca que se formou, no sentido do comprimento. Coloque de volta no forno abaixando a temperatura para 180°C e deixe assar por 45 minutos. Verifique se está assado furando o meio do bolo com a ponta de uma faca. Ela deve sair limpa e seca, sem sinal de aderência.

5 ••• Retire o pão de ervas do forno e deixe esfriar por 5 minutos. Desenforme sobre uma grelha e deixe esfriar.

Conselho do Chef
Assim que o pão de especiarias esfriar, embale com papel-filme e deixe secar 24 horas em temperatura ambiente antes de consumir.

Para 20 crepes   Preparação: 20min   Cozimento: 3min por crepe   Repouso: no mínimo 1h

Crepes

1 laranja orgânica
165g de farinha de trigo especial
40g de açúcar

4 ovos inteiros
500ml de leite
40g de manteiga
+ 20g para untar

1 colher (sopa) de óleo
1 colher (sopa) de rum (opcional)

1 colher (sopa) de licor de laranja (opcional)

1 ••• Com um ralador retire raspas da casca da laranja.
Peneire a farinha e despeje-a em uma vasilha. Acrescente o açúcar, as raspas de laranja, os ovos e, aos poucos, o leite, misturando com um fouet. Você deve obter uma massa lisa. Em uma panela pequena, derreta a manteiga em fogo brando. Incorpore-a ao misturar com o óleo e os destilados.
Deixe a massa descansar por 1 hora no mínimo em temperatura ambiente.

2 ••• Em uma frigideira quente (de preferência, antiaderente), levemente untada com a utilização de papel-toalha, despeje, com uma concha, a quantidade de massa necessária para cobrir a superfície da frigideira. Faça movimentos circulares com a frigideira para espalhar a massa. Deixe fritar a parte de baixo, em fogo brando, para que a massa endureça (cerca de 1 minuto).
Vire o crepe e deixe fritar o outro lado, de maneira que ele fique um pouco dourado.

•••

Conforme for fritando, coloque os crepes uns em cima dos outros para conservar a maciez. Se você tiver 2 frigideiras, a preparação é mais rápida; enquanto você frita uma, já coloca a massa da outra, e assim por diante.

3 ••• Se preferir, polvilhe os crepes com açúcar ou coloque uma cobertura de frutas caramelizadas em açúcar, de chocolate derretido, de creme de avelã ou com limão-siciliano e açúcar.

Conselhos do Chef
Prepare a massa de crepe com 2 horas de antecedência.
Se a sua massa empelotar, bata com um mixer rapidamente para eliminar as pelotas, mas sem deixar ficar com uma consistência espumante.

Se você quiser fritar os crepes antecipadamente, empilhe-os conforme ficarem prontos para preservar a maciez. Conserve-os assim em temperatura ambiente.

Para 10 waffles   Preparação: 15min   Cozimento: 3min por waffle   Repouso: 1h

Waffles da casa

75g de farinha de trigo especial
125ml de leite
+ 75ml
20g de açúcar
1 pitada de sal
30g de manteiga

3 ovos inteiros
50ml de creme de leite fresco
1 colher (sopa) de água de flor-de-laranjeira
Açúcar de confeiteiro para a finalização

MATERIAL
Uma máquina de waffle
Um pincel

1 ••• Peneire a farinha.
Em uma panela, ferva 125ml de leite, o açúcar, o sal, a manteiga e retire do fogo.
Incorpore a farinha ao líquido, misturando rapidamente com ajuda de uma espátula, para homogeneizar a massa.
Coloque a panela de volta em fogo brando e mexa bastante a massa por 1 minuto para que ela "resseque".

2 ••• Transfira a massa para uma vasilha. Incorpore os ovos, um a um, com uma espátula, tomando o cuidado de incorporá-los bem à preparação.

3 ••• A seguir acrescente o creme de leite, 75ml de leite e a água de flor-de-laranjeira.
Deixe descansar por 1 hora.

4 ••• Preaqueça a máquina de waffle. Com um pincel, unte a máquina de waffle.
Despeje na máquina a quantidade de massa necessária para 1 waffle. Deixe assar por 3 a 4 minutos aproximadamente até obter uma bela cor dourada.
Polvilhe o açúcar de confeiteiro.

Conselho do Chef

Os waffles podem ser cobertos com chantilly e um toque de morangos, pouco açucarados, em calda. Se você for servir os waffles ainda mornos sobre uma travessa, eles podem ser acompanhados de chantilly e uma calda de morango ou framboesa: quanto menos açucarados, mais acentuado o sabor das frutas.

Para 8 pessoas   *Preparação: 40min*   *Cozimento: 25min*

Bolo macio de chocolate

150g de manteiga + 20g para untar
35g de farinha de trigo especial + 20g para untar

150g de chocolate com no mínimo 70% de cacau
1 colher (sopa) de cacau em pó sem açúcar

1 ovo inteiro + 4 gemas + 7 claras
150g de açúcar semoule

Material
Uma forma de pão-de-ló ou uma forma redonda de borda alta de 22,5cm de diâmetro

1 ••• Unte a forma e coloque-a por 5 minutos na geladeira até que a manteiga endureça. Enfarinhe e retire o excesso de farinha virando-a e dando palmadinhas. Reserve-a na geladeira.
Sobre uma tábua, pique o chocolate.
Despeje-o em um recipiente em banho-maria. Junte a manteiga e derreta-os sem deixar esquentar muito e mexendo com uma espátula. Retire do banho-maria.
Peneire a farinha e o cacau em pó.

2 ••• Preaqueça o forno a 180°C.
Em uma bacia semiesférica, bata, usando um fouet, em banho-maria (como para o pão-de-ló) o ovo inteiro, as gemas e 75 gramas de açúcar semoule até que a mistura engrosse.
Retire do banho-maria, reserve e, a seguir, sem perder tempo, bata as claras em neve. Quando elas ficarem brancas e espumantes, incorpore os 75 gramas de açúcar restantes, ainda batendo com o fouet por mais 1 minuto aproximadamente.

3 ••• Acrescente delicadamente 1/3 da mistura de ovo, gemas e açúcar ao chocolate com manteiga derretidos e despeje tudo sobre os 2/3 restantes, misturando com cuidado.
A seguir, incorpore a essa mistura 1/3 das claras em neve, a farinha e o cacau peneirados e despeje tudo sobre os 2/3 de claras de neve restantes, tomando o cuidado de misturar com delicadeza.

4 ••• Despeje a mistura na forma. Leve ao forno e asse durante 25 minutos em fogo médio a 170°C. Retire o bolo do forno e deixe esfriar por 30 minutos antes de desenformar.

Conselho do Chef
Conserve a maciez do bolo deixando-o em temperatura ambiente e saboreando-o no mesmo dia.

Para 8 pessoas   Preparação: 1h + receita de base   Cozimento: aprox. 45min   Repouso: 1h

Flan de confeiteiro

Fundo de torta com massa podre
Ver receita de base
20g de farinha
para trabalhar a massa
20g de manteiga para untar

Flan
2 favas de baunilha
500ml de leite
325g de creme de leite fresco
2 ovos inteiros
+ 2 gemas
210g de açúcar semoule
85g de amido de milho
25g de manteiga

MATERIAL
Uma forma de torta de 22,5cm de diâmetro e 3cm de altura

O FUNDO DE TORTA DE MASSA PODRE

1. ••• Prepare a massa podre (receita de base).
   Sobre uma superfície enfarinhada, abra a massa até que ela fique com 2 milímetros de espessura. Distribua a massa na forma previamente untada com manteiga. Reserve em local fresco por 1 hora.

O FLAN

2. ••• Com uma faca, parta as favas de baunilha ao meio no sentido do comprimento e raspe o interior para extrair as sementes. Despeje o leite e o creme de leite em uma panela, acrescente as favas de baunilha e as sementes e ferva. Retire do fogo, cubra imediatamente e deixe em infusão durante 15 minutos. Retire as favas e reserve.

3 ••• Preaqueça o forno a 170°C.
Utilizando um garfo, fure a massa para evitar que ela forme bolhas durante o cozimento e cubra com um disco de papel-manteiga, moldando-o cuidadosamente sobre a massa (fundo e bordas) para mantê-la lisa enquanto a massa estiver assando. Distribua os feijões por cima. Coloque para assar a 170°C por aproximadamente 20 minutos, até obter uma cor dourada.
Retire a massa do forno e deixe esfriar. Retire os feijões e o papel-manteiga.

4 ••• Em uma tigela, bata os ovos inteiros, as gemas e o açúcar até que a mistura fique levemente esbranquiçada. Adicione o amido de milho.
Em uma panela, ferva o leite e a baunilha. Despeje 1/3 sobre a mistura de gemas, açúcar e amido de milho, mexendo com o fouet, e coloque tudo no recipiente de cozimento. Deixe cozinhar até ferver, mexendo com um fouet e tomando cuidado para raspar bem as bordas.
Retire do fogo, despeje o creme em uma vasilha e deixe esfriar um pouco por aproximadamente 10 minutos.

5 ••• Enquanto isso, preaqueça novamente o forno a 170°C.
Quando o creme ainda estiver quente, mas não fervente, adicione a manteiga, mexendo para deixar a mistura mais homogênea.
Agora despeje sobre o fundo de massa pré-cozida. Leve ao forno e deixe assar por aproximadamente 45 minutos.

Para 8 pessoas   Preparação: 15min   Cozimento: 40min

Clafoutis de cerejas

1 limão-siciliano orgânico
175g de açúcar semoule + 20g para untar
1 pitada de sal
50g de amido de milho

50g de farinha de trigo especial
3 ovos inteiros + 2 gemas
300ml de leite
500g de cerejas

300g de creme de leite fresco
20g de manteiga para untar

MATERIAL
Uma forma para torta de 25cm de diâmetro e 3cm de altura

1. ••• Usando um ralador, raspe a casca do limão-siciliano.
   Em uma tigela, misture o açúcar e as raspas de limão-siciliano com a ajuda de um fouet, depois adicione o sal, o amido de milho e a farinha. Adicione os ovos inteiros, as gemas e bata tudo junto. Por fim, despeje o leite e o creme de leite; misture.

2. ••• Descaroce as cerejas. Preaqueça o forno a 170°C.
   Derreta a manteiga. Com um pincel, unte a forma de torta, polvilhe o açúcar, espalhe as cerejas e despeje a massa. Coloque para assar por aproximadamente 40 minutos.

Conselho do Chef
Com as cerejas inteiras, o seu clafoutis ficará mais saboroso,
e as cerejas soltarão menos água. Você também pode servir
o clafoutis em um fundo de torta com massa podre pré-cozida a 170°C,
por aproximadamente 20 minutos, até ficar levemente
dourada. Recheie com as cerejas e com a mistura para clafoutis.
O cozimento deve ser o mesmo.

Para 8 pessoas   Preparação: 1h 30   Cozimento: 45min

Bolo macio de laranja

Fatias de laranja cozidas
1 laranja orgânica
200ml de água
100g de açúcar semoule

Bolo macio
225g de manteiga
+ 20g para untar
175g de farinha
+ 20g para untar
3 ovos inteiros
3 laranjas orgânicas
225g de açúcar semoule
11g de fermento em pó

Calda de laranja
90g de açúcar semoule
200ml de suco de laranja

Geleia de laranja
100g de geleia de laranja
2 colheres (sopa) de água

MATERIAL
Forma redonda de borda alta e fundo removível de aproximadamente 22cm de diâmetro

AS FATIAS DE LARANJA COZIDAS

1. ••• Lave a laranja e corte-a em fatias de 2 milímetros de espessura. Ferva a água e o açúcar, acrescente delicadamente as fatias de laranja. Mantenha em fogo brando por 20 minutos, mas sem deixar ferver. Escorra e deixe esfriar.

O BOLO MACIO

2. ••• Unte a forma redonda com manteiga e coloque no fundo um disco de papel-manteiga cortado com o mesmo diâmetro, para facilitar na hora de desenformar. Coloque a forma por 10 minutos na geladeira para que a manteiga endureça. Retire-a e enfarinhe imediatamente. Retire o excesso de farinha girando a forma e dando palmadinhas de leve.

3 ••• Deixe os ovos em temperatura ambiente.

Usando um ralador, raspe a casca das laranjas. Misture as raspas com o açúcar.

Esprema as laranjas para extrair o suco.

4 ••• Amoleça a manteiga em banho-maria ou no microondas até obter uma consistência pastosa. Depois vá adicionando os ingredientes seguintes, tomando o cuidado de mexer depois de cada adição: a mistura de açúcar com as raspas, os ovos, a farinha, o fermento e o suco de laranja. Preaqueça o forno a 180°C.

Encha a forma com a massa até 2 centímetros da borda. Leve ao forno e deixe assar por 45 minutos.

A calda de laranja

5 ••• Enquanto o bolo assa, prepare a calda. Ferva o açúcar com o suco de laranja.

6 ••• Quando o bolo estiver assado, desenforme e deposite sobre uma grelha em cima de uma assadeira rasa com bordas. Aqueça a calda novamente até ferver e, com uma concha, regue generosamente o bolo. Recolha a calda que escorreu e repita a operação duas vezes. Deixe esfriar. Decore o bolo com as fatias de laranja cozidas.

A geleia de laranja

7 ••• Aqueça a geleia de laranja misturada com água, mas sem deixar ferver (de 50 a 60°C) para obter uma consistência firme. Coloque a cobertura no bolo.

Deixe esfriar. Consuma este bolo macio em temperatura ambiente.

Para 65 cubos de marshmallow de 3cm de largura
Preparação: 1h (2 vezes)   Cozimento: 15min   Repouso: de 12 a 24h

Marshmallow de morango com água de flor-de-laranjeira

Massa do marshmallow
12 folhas de gelatina
150ml de água
500g de açúcar semoule + 25 g
75g de xarope de glucose
6 claras

100g de polpa de morango
5 colheres (sopa) de água de flor-de-laranjeira

Finalização
100g de açúcar de confeiteiro
100g de fécula de batata

MATERIAL
Um termômetro para açúcar (indispensável)
Uma forma quadrada de 25cm de largura ou uma assadeira rasa de 3cm de espessura

••• Corte uma folha de papel-manteiga com as mesmas dimensões da assadeira e deposite a forma por cima.
Se você não tiver a forma, utilize uma folha de alumínio de 50 centímetros de comprimento. Dobre essa folha várias vezes sobre ela mesma no sentido do comprimento até obter uma faixa de 50 centímetros por 3.
Em seguida, dobre essa faixa ao meio para obter 2 partes de 25 centímetros que serão posicionadas em ângulo reto. Coloque sobre a assadeira rasa e, com os dois lados da sua faixa, forme um quadrado. Dessa forma você pode delimitar a superfície na qual precisa obter um quadrado de 25 por 25 centímetros.

2 ••• Coloque as folhas de gelatina para amolecer por 10 minutos em água bem fria.
Escorra-as e aperte bastante para retirar o excesso de água.
Em uma panela, despeje os 150ml de água, o açúcar, o xarope de glucose e ferva a 130°C. Quando o açúcar chegar a 120°C, comece a bater as claras em neve dentro de uma tigela grande. As claras e o açúcar devem ficar prontos ao mesmo tempo. Acrescente aos poucos a calda quente com as claras em neve e continue a bater para obter um merengue.

3 ••• A seguir, deposite as folhas de gelatina bem escorridas, misturando-as no merengue quente para incorporá-las. Com uma colher de pau ou uma espátula flexível, acrescente delicadamente a polpa de morango e a água de flor-de-laranjeira.

4 ••• Despeje a massa de marshmallow dentro do quadrado de modo que ela tenha cerca de 3 centímetros de espessura. Deixe esfriar e endurecer durante a noite toda em temperatura fresca (de 12 a 16°C); se não for possível, coloque na geladeira depois de cobrir com um papel-filme.

5 ••• No dia seguinte, prepare uma mistura de açúcar de confeiteiro e fécula de batata e enfarinhe uma superfície plana.
Passe uma faca ao redor da forma e desenforme a massa de marshmallow assada na superfície plana.
Para cortar a massa em cubos, utilize uma faca mergulhada em água quente e seca entre cada corte.
Corte faixas de 3 centímetros de largura e corte novamente no sentido do comprimento para obter os cubos de 3 centímetros por 3.
Passe-os pela mistura de açúcar com fécula de batata e deixe secar ao ar livre por 6 horas.

Conselho do Chef
Você pode degustar os marshmallows no mesmo dia ou até 5 a 6 horas depois, conservando em recipiente hermeticamente fechado, de preferência conservado na geladeira.

Para 500g ou 50 quadrados de caramelo
Preparação: 20min   Cozimento: 10 a 15min   Repouso: 4 a 6h

Caramelos moles de chocolate

120g de chocolate com 70% de cacau
75ml de água
190g de açúcar semoule
140g de xarope de glucose

200ml de creme de leite fresco
20g de manteiga

MATERIAL
Um termômetro para açúcar
Uma aro de 1 ou 2cm de espessura

1 ••• Sobre uma tábua, pique o chocolate e reserve em uma tigela.
Em uma panela, ferva a água com o açúcar. Adicione a glucose e deixe ferver em fogo médio por, aproximadamente, 10 a 15 minutos.
Enquanto isso, dentro de outra panela, ferva o creme de leite. Retire do fogo e reserve.

2 ••• Quando o açúcar estiver com uma bela cor de caramelo, retire do fogo, acrescente a manteiga, despeje o creme de leite quente com cuidado, aos poucos e em fio, sem deixar o caramelo espirrar, mexendo com uma colher de pau.
Cozinhe a 115°C, mexendo com uma espátula de madeira.
Despeje sobre o chocolate picado.

3 ••• Coloque o aro sobre uma assadeira forrada com uma folha de papel-manteiga e despeje a mistura dentro dele.

4 ••• Deixe esfriar por 4 a 6 horas. Corte a massa em quadrados ou retângulos e envolva cada caramelo em papel-celofane.
Armazene em local livre de umidade.

Variantes

Caramelo mole de chocolate ao leite: cozinhe a 117°C em vez de 115°C.
Caramelo mole de baunilha e chocolate branco: o primeiro cozimento deve obter um caramelo claro, a 160°C, e o segundo deve ser a 120°C.

Para 40 a 50 trufas   *Preparação: 1h*   *Repouso: 2h*

Trufas de chocolate

65g de manteiga
250g de chocolate com 70% de cacau
150g de creme de leite fresco
20g de açúcar semoule
100g de cacau em pó sem açúcar

MATERIAL
Um saco de confeiteiro com um bico redondo de 10mm

1. ••• Corte a manteiga em pedaços pequenos. Coloque-os em um recipiente e derreta-os no microondas em banho-maria, até obter uma consistência pastosa. Termine de homogeneizar com a ajuda de um fouet.

2. ••• Sobre uma tábua, pique o chocolate em pedaços bem pequenos e coloque em uma vasilha.
Em uma panela, ferva o creme de leite com o açúcar. Despeje sobre o chocolate picado em 3 vezes, tomando o cuidado de misturar em cada adição para ficar homogêneo.

3. ••• Despeje o ganache em uma assadeira. Cubra com um papel-filme e deixe por 1 hora na geladeira para esfriar bem. Retire e deixe por 30 minutos em temperatura ambiente para que ele fique com uma textura macia, mas firme.

4. ••• Sobre uma assadeira forrada com papel-manteiga, usando o saco de confeiteiro com bico, deposite pequenas bolas de ganache.
Coloque essa assadeira por 30 minutos na geladeira para as trufas endurecerem. Depois passe-as no cacau em pó.
Conserve as trufas em uma vasilha hermeticamente fechada na geladeira.

Os biscoitinhos

Para 60 amanteigados pequenos   *Preparação: 30min*   *Cozimento: 15 a 20min*

Amanteigados vienenses

190g de manteiga
+ 20g para untar
1 pitada de flor de sal

75g de açúcar de confeiteiro
+ um pouco para decorar
1 pitada de baunilha em pó

1 clara
225g de farinha de trigo especial

MATERIAL
Um saco de confeiteiro com um bico canelado de 4mm

1. ••• Corte a manteiga em pedaços pequenos e coloque para aquecer em banho-maria com a flor de sal. Com uma colher de pau, amoleça até obter uma consistência pastosa mole.
Termine de homogeneizar com a ajuda de um fouet.
Acrescente os seguintes ingredientes, tomando o cuidado de misturar bem entre cada adição: o açúcar de confeiteiro, a baunilha em pó e a clara. Mexa com o fouet.

2. ••• Preaqueça o forno a 150°C.
Peneire a farinha e adicione-a à mistura, mexendo com uma colher de pau até obter uma massa homogênea.

Conselho do Chef
Conserve os amanteigados em recipiente hermeticamente fechado, livre de umidade.

3. ••• A seguir, sobre a assadeira untada com manteiga ou forrada com uma folha de papel-manteiga, com o saco de confeiteiro com bico, faça zigue-zagues de 3 centímetros de largura por 4 centímetros de comprimento. Leve ao forno e deixe assar por 15 a 20 minutos, até dourar.
Deixe esfriar.
Polvilhe levemente os amanteigados com açúcar de confeiteiro.

Para 65 amanteigados pequenos ou 24 grandes
Preparação: 30min   Cozimento: 15min   Repouso: no mínimo 2h, 12h de preferência

Amanteigados de coco

325g de manteiga
1 pitada de flor de sal
150g de açúcar de confeiteiro
75g de farinha de amêndoas

75g de coco em pó
1 ovo inteiro
325g de farinha de trigo especial + 20g para untar

MATERIAL
Um cortador de 4 a 5cm de diâmetro para os amanteigados pequenos e de 8 a 10cm para os grandes

1 ••• Corte a manteiga em pedaços pequenos e coloque-os em uma vasilha. Misture para homogeneizar e depois acrescente os ingredientes um a um, tomando cuidado de misturar bem à massa: a flor de sal, o açúcar de confeiteiro peneirado, a farinha de amêndoas, o coco, o ovo e, por fim, a farinha de trigo.
Se você tiver uma batedeira, pode utilizá-la para realizar essas operações usando o batedor "folha".
Misture a massa, mas só abra quando ela ficar pesada, é isso que faz com que ela esfarele na boca.

2 ••• Forme uma bola e envolva em papel-filme; reserve em local fresco por algumas horas (2 no mínimo) antes de usar.
De preferência, prepare a massa na véspera; será mais fácil de trabalhá-la.

•••

3 ••• Preaqueça o forno a 160°C.

Sobre uma superfície enfarinhada, com um rolo de macarrão, abra a massa até que ela fique com aproximadamente 2 milímetros de espessura.

Usando um cortador, corte os discos e coloque-os juntos sobre uma assadeira rasa forrada com uma folha de papel-manteiga.

4 ••• Leve ao forno e deixe assar por aproximadamente 15 minutos até obter uma bela cor dourada.

Deixe os amanteigados esfriarem.

Conselho do Chef

Conserve os amanteigados em um recipiente hermeticamente fechado.

Para 50 línguas-de-gato   *Preparação: 20min*   *Cozimento: 10 a 12min*

Línguas-de-gato

125g de manteiga
160g de açúcar de confeiteiro
1 sachê de açúcar de baunilha

2 claras
160g de farinha de trigo especial

MATERIAL
Um saco de confeiteiro com um bico redondo de 5mm

1 ••• Corte a manteiga em pedaços pequenos e coloque-os em um recipiente em banho-maria. Depois, usando uma colher de pau, amoleça até obter uma consistência pastosa mole. Termine de homogeneizar com a ajuda de um fouet.
A seguir, acrescente os seguintes ingredientes, tomando o cuidado de misturar bem em cada adição: o açúcar de confeiteiro, o açúcar de baunilha e as claras. Mexa novamente com o fouet.

2 ••• Peneire a farinha e depois incorpore-a à mistura com ajuda de uma colher de pau até obter uma massa homogênea.

3 ••• Preaqueça o forno a 160°C.
Sobre uma assadeira forrada com uma folha de papel-manteiga, com a ajuda do saco de confeiteiro com bico, disponha pequenos fios de massa de 6cm de comprimento. Deixe espaço suficiente entre as línguas-de-gato para que elas terminem de se acomodar com o cozimento.

4 ••• Coloque para assar nessa temperatura durante 10 a 12 minutos, até obter uma bela cor dourada.

Espere que as línguas-de-gato fiquem mornas antes de descolá-las, usando uma espátula.

Quando elas estiverem frias, você pode conservá-las em recipiente hermeticamente fechado.

Variantes

Você pode mergulhar as línguas-de-gato no chocolate amargo, ao leite, branco ou branco colorido com corante lipossolúvel e depositá-las sobre uma folha de papel-manteiga.

O ponto do chocolate "derretido em temperatura ambiente" é sempre bem técnico. Aqui está um método simples: pique o chocolate sobre uma tábua; derreta-o em um recipiente em banho-maria. Despeje 3/4 dessa massa sobre uma superfície limpa e seca. Com uma espátula para bolo em inox, espalhe e junte novamente o chocolate até que comece a engrossar. Junte-o com o 1/4 restante e misture bem. O chocolate deve ser utilizado em uma temperatura de 30 a 31°C. Se estiver muito quente, ou muito frio, ele embranquecerá ao esfriar.

Depois que as línguas-de-gato forem mergulhadas no chocolate, deixe endurecer e conserve os biscoitos como indicado acima.

Conselho do Chef

As línguas-de-gato ao natural são um excelente acompanhamento para uma mousse de chocolate ou uma salada de frutas.

Para 50 rochers   Preparação: 20min   Cozimento: 15min   Repouso: no mínimo 12h

Rochers de coco

100ml de leite
225g de açúcar semoule
275g de coco em pó

250g de farinha de trigo especial
4 ovos inteiros

Material
Um saco de confeiteiro com um bico redondo de 14mm

1. ••• Prepare a massa na véspera.
   Em uma panela, esquente o leite, mas sem deixar ferver. Retire do fogo. Acrescente o açúcar semoule e o coco em pó, cubra e deixe em infusão por 1 hora para que o coco hidrate e a mistura esfrie.

2. ••• Incorpore a farinha e os ovos usando uma espátula.
   Reserve em local fresco por no mínimo 12 horas para que o coco em pó possa ficar completamente hidratado.

3. ••• No dia seguinte, preaqueça o forno a 180°C.
   Sobre uma assadeira forrada com uma folha de papel-manteiga, faça montinhos com a ajuda do saco de confeiteiro com bico.
   Se preferir, faça os montinhos com uma colher: mergulhe a colher em água, pegue a quantidade de massa necessária para um montinho e deposite na assadeira, empurrando com o dedo. A seguir, mergulhe seus dedos na água e depois molde a massa com quatro dedos para dar forma aos montinhos.

4. ••• Leve ao forno quente a 180°C por, aproximadamente, 15 minutos, até ficarem dourados.
   Deixe os rochers esfriarem e conserve-os em um recipiente fechado.

Para 30 abricotinhos   Preparação: 20min   Cozimento: 12 a 15min

Abricotinhos

170g de açúcar de confeiteiro
+ 30g para a cobertura
215g de farinha de amêndoas

35g de farinha de trigo especial
6 claras
1 colher (café) de essência de baunilha

40g de açúcar semoule
85g de lascas de amêndoas brancas
300g de geleia de abricós

Material
Um saco de confeiteiro com um bico de 10mm

1 ••• Peneire o açúcar de confeiteiro. Em uma tigela grande, misture-o com a farinha de amêndoas e a farinha de trigo.
Em uma tigela, bata as claras em neve; quando elas ficarem brancas e espumantes, adicione a baunilha e o açúcar semoule, batendo até que elas fiquem bem firmes.

2 ••• Com uma espátula flexível, misture delicadamente o açúcar de confeiteiro com as amêndoas, a farinha e as claras em neve, mexendo do centro da tigela em direção às bordas, girando o recipiente frequentemente. Você deve obter uma mistura lisa e homogênea.

3 ••• Preaqueça o forno a 180°C.
Com o saco de confeiteiro com bico, faça pequenos discos de cerca de 2 centímetros de diâmetro sobre uma assadeira forrada com papel-manteiga. Salpique as lascas de amêndoas por cima.
Abaixe a temperatura para 170°C e leve ao forno. Asse durante 12 a 15 minutos.
Retire do forno. Deixe esfriar e depois salpique o açúcar de confeiteiro.

4 ••• Então monte as casquinhas.
Recheie uma metade das casquinhas com geleia de abricós e cubra com outra.

Conselhos do Chef
Conserve os abricotinhos na geladeira em um recipiente fechado e deixe descansar por no mínimo 12 horas.
Você pode fazer a mesma receita com geleia de framboesas.

Para 24 biscoitos   *Preparação: 20min*   *Cozimento: 15min*   *Repouso: 10min*

Bolachas champagne

60g de farinha de trigo especial
60g de fécula de batata

5 ovos inteiros
125g de açúcar semoule
30g de açúcar de confeiteiro

MATERIAL
Um saco de confeiteiro redondo de 10mm

1. ••• Peneire a farinha e as fécula de batata juntas.
Separe as claras das gemas; reserve as claras em uma vasilha.

2. ••• Em uma tigela grande, misture as gemas e a metade do açúcar com a ajuda de um fouet até que a mistura fique esbranquiçada.
Em uma vasilha, bata as claras em neve. Quando elas estiverem bem brancas e espumantes, incorpore a outra metade do açúcar e continue a bater até que elas fiquem firmes.

3. ••• Em seguida, acrescente delicadamente as claras em neve à mistura de açúcar com gemas: mexa um pouco para incorporar a farinha e a fécula de batata, tomando o cuidado de começar do meio da vasilha para as bordas, jogando a massa na direção do centro, girando a vasilha com frequência. Você deve obter uma mistura lisa e homogênea.

4 ••• Usando um saco de confeiteiro com bico, faça bolachas de 6 centímetros de comprimento por 2 centímetros de largura sobre uma assadeira forrada com uma folha de papel-manteiga.
Preaqueça o forno a 170°C.

5 ••• Com uma pequena peneira ou saleiro, polvilhe as bolachas uma primeira vez com açúcar de confeiteiro. Aguarde 10 minutos e depois polvilhe novamente com o açúcar de confeiteiro restante e leve ao forno a seguir.
Asse por 15 minutos aproximadamente a 170°C até que fique com uma bela cor dourada.
Retire do forno e deixe esfriar.

Para 20 a 22 merengues   Preparação: 20min   Cozimento: 2h 30

Merengues

120g de açúcar de confeiteiro
4 claras
120g de açúcar semoule

Material
Um fouet elétrico

Um saco de confeiteiro com um bico canelado de 10mm

1. ••• Preaqueça o forno a 100°C.
Peneire o açúcar de confeiteiro.

2. ••• Em uma vasilha, bata as claras em neve com a ajuda de um fouet. Quando elas estiverem bem espumantes, adicione 40g de açúcar semoule e continue a bater até que elas fiquem bem firmes.
Acrescente novamente 40g de açúcar semoule, bata 1 minuto; despeje os últimos 40 gramas de açúcar semoule e bata por mais 1 minuto.
Usando uma espátula flexível, incorpore delicadamente o açúcar de confeiteiro peneirado.

Conselho do Chef
Polvilhe seus merengues com açúcar de confeiteiro e sirva-os acompanhados de uma calda ou sorbet.

3. ••• Sobre uma assadeira forrada com uma folha de papel-manteiga, com a ajuda do saco de confeiteiro com bico, disponha os merengues em forma de trança. Deixe espaço suficiente para que eles cresçam durante o cozimento.
Na falta de um saco de confeiteiro, disponha os merengues usando 2 colheres previamente mergulhadas em água quente e com elas forme os rolinhos.

4. ••• Leve ao forno e deixe assar por aproximadamente 2 horas e meia a 100°C. Os merengues devem ser assados vagarosamente e secarem; observe para que eles não fiquem dourados muito rapidamente.
Deixe esfriar. Conserve em um recipiente fechado.

Para aproximadamente 50 tuiles   *Preparação: 20min*   *Cozimento: 5min*

Tuiles de amêndoas

80g de farinha
de trigo especial
250g de açúcar
de confeiteiro
1 ovo inteiro
+ 5 claras

1 colher (café) de
essência de baunilha
100g de manteiga
+ 20g para untar
250g de amêndoas
laminadas

MATERIAL
Um rolo de macarrão

1 ••• Peneire a farinha e o açúcar de confeiteiro juntos e despeje-os em uma vasilha.
Com uma colher de pau, incorpore, aos poucos, o ovo inteiro, as claras e a baunilha.
Em uma panela pequena, derreta a manteiga e depois adicione à mistura. Mexa.
Com uma espátula flexível e com delicadeza, incorpore as amêndoas laminadas, sem amassar demais, evitando quebrá-las.

2 ••• Unte uma assadeira bem rasa com manteiga.
Preaqueça o forno a 180°C.
Usando uma colher previamente mergulhada em água, pegue a quantidade de massa necessária para uma tuile e despeje-a sobre a assadeira, empurrando com o dedo. Deposite assim todas as tuiles, deixando espaço suficiente para o crescimento, pois a massa terminará de se acomodar lentamente. Com um garfo mergulhado em água fria, aperte cada tuile para espalhar a massa e obter discos finos e lisos.

3 •• Prepare o rolo de macarrão para fazer as tuiles: unte-o um pouco e deposite-o sobre um pano de prato dobrado para evitar que ele saia rolando.
Leve as tuiles ao forno e deixe assar por alguns minutos.
Observe o cozimento: quando a borda dos biscoitos estiver dourada (o contorno ganha coloração mais rapidamente que o centro), retire a assadeira do forno.

4 •• Desgrude rapidamente cada tuile com a ajuda de uma espátula em inox coloque-a imediatamente sobre o rolo de macarrão para dar a forma de uma pétala.
Assim, coloque sucessivamente as tuiles uma a uma sobre o rolo.

5 •• Deixe as tuiles esfriarem e conserve-as em recipiente hermeticamente fechado.

Conselho do Chef
Você pode, também, deixar as tuiles esfriarem na assadeira: será mais fácil de manejar e elas ficarão menos frágeis.

VARIANTE

Quando elas estiverem frias, cubra as tuiles com chocolate amargo ou ao leite "ao ponto", conforme a técnica indicada acima e deixe-as endurecer dessa forma.

O ponto do chocolate "derretido à temperatura ambiente" é sempre bastante técnica. Aqui está um método simples: pique o chocolate sobre uma tábua; coloque-o para derreter em um recipiente em banho-maria. Despeje 3/4 dessa massa sobre uma superfície limpa e seca. Com uma espátula para bolo em inox, espalhe e junte novamente o chocolate até que comece a engrossar. Junte-o com o 1/4 restante e misture bem. O chocolate deve ser utilizado em uma temperatura de 30 a 31ºC. Se estiver muito quente ou muito frio, ele embranquecerá ao esfriar.

Assim que as tuiles forem cobertas com chocolate, deixe endurecer e conserve-as como indicado nessa receita.

As bebidas

Para 8 pessoas   Preparação: 20min

Chocolate quente

1l de leite fresco
150ml de água (150g)
100g de açúcar semoule

185g de chocolate amargo com 67% de cacau

50g de chocolate amargo com no mínimo 80% de cacau

1 ••• Em uma panela, ferva o leite, a água e o açúcar.
Corte os chocolates em pedaços pequenos.

2 ••• Fora do fogo, adicione os pedaços de chocolate e mexa com ajuda de um fouet.
Misture para obter um líquido homogêneo.

Conselhos do Chef
Se você quiser que o chocolate engrosse, depois de adicionar os pedaços de chocolate no leite, coloque a panela de volta ao fogo e deixe o líquido ferver, mexendo com o fouet para evitar que grude.
Retire do fogo e mexa.
Quando for consumir, se quiser ainda mais grosso, você pode acrescentar um pouco de leite quente.
Depois de preparado, esse chocolate pode ser conservado em local fresco até 2 dias. Despeje-o em um recipiente hermeticamente fechado. Aqueça de novo em banho-maria.
Ele também pode ser consumido como bebida fria, então é necessário amolecer com 300ml de leite frio.

Para 1 pessoa   *Preparação: 5min + receita de base*

Café vienense

1 xícara (chá) de
café expresso
25g de chantilly: ver
receita de base

Conselho do Chef

O café vienense geralmente é um café bem leve coberto com chantilly.

1. ••• Prepare o chantilly antecipadamente e reserve na geladeira.
2. ••• Prepare o café e despeje em uma xícara grande. Com uma colher ou um saco de confeiteiro com bico canelado de 14 milímetros, faça uma rosa de chantilly. Deguste imediatamente.

Para 2 pessoas   Preparação: 10min   Repouso: 5min

Chá de frutas cítricas

1 limão-siciliano
orgânico
1 limão tahiti orgânico
1 laranja orgânica
450ml de água
30g de água de
flor-de-laranjeira

Material
Um ralador
Sachês para infusão

1. ••• Usando um ralador, raspe as cascas dos limões e da laranja para retirar a parte colorida da casca. Evite a parte branca, pois ela tem um sabor amargo.

2. ••• Misture em quantidades iguais as raspas do limão-siciliano, do limão tahiti e da laranja.
Encha um sachê para infusão com uma colher (café) bem cheia da mistura de raspas.

3. ••• Ferva a água e despeje-a em uma jarra com tampa. Adicione a água de flor-de-laranjeira e depois o sachê. Cubra e deixe em infusão por 5 minutos. Saboreie.

Para 1 milkshake   Preparação: 5min

Milkshake

2 bolas de sorvete
de baunilha
120ml de leite

MATERIAL
Um liquidificador
Uma xícara mazagran

1. ••• Retire o sorvete do congelador 10 minutos antes para que ele amoleça.

2. ••• No copo do liquidificador, coloque as bolas de sorvete, despeje o leite frio e bote para homogeneizar essa preparação gelada.
Despeje na xícara de apresentação e sirva imediatamente.

Conselho do Chef

Na falta de um liquidificador, você pode preparar o milkshake em um jarro dosador, batendo com um mixer.

VARIANTE

Essa receita pode ser realizada com todos os sabores de sorvete: café, chocolate, caramelo, etc.
Para os milkshakes de frutas, de morango, por exemplo, adicione 50 gramas de morangos e bata com o leite e o sorvete.

As receitas de base

Para 450g de massa   Preparação: 20min   Repouso: 2h mínimo, 12h de preferência

Massa doce de amêndoas

120g de manteiga
70g de açúcar de confeiteiro
25g de farinha de amêndoas

1 pitada de flor de sal
1 pitada de baunilha (opcional)
1 ovo inteiro

200g de farinha de trigo especial

1 ••• Corte a manteiga em pedaços pequenos e coloque-os em uma tigela (ou, se você possuir uma batedeira do tipo planetária, utilize o batedor "folha"). Misture para homogeneizar e acrescente os ingredientes um a um, tomando o cuidado de mexer a massa na adição de cada um deles: o açúcar de confeiteiro peneirado, a farinha de amêndoas, a flor de sal, a baunilha, o ovo e, por fim, a farinha de trigo. Misture sem trabalhar muito a massa, apenas para que ela se aglomere: assim ela ficará quebradiça ao degustar.

2 ••• Forme uma bola e embrulhe em papel-filme; coloque-a em local fresco por no mínimo 2 horas antes de utilizar.
Se possível, prepare a massa na véspera: será mais fácil abri-la.

Conselho do Chef
Esta receita rende 450g de massa e o seu equilíbrio é definido pela quantidade de ovos. Portanto, eu aconselho utilizar essa quantidade mesmo que você não vá usar tudo. Se sobrar massa, para não perder, você pode abri-la até ficar com 2 milímetros de espessura, mas sem enfarinhar muito, e cortar, por exemplo, em pequenos "amanteigados" quadrados de 3 por 3 centímetros, ou retângulos de 3 por 4. Senão, conserve-a por, no máximo, 5 dias na geladeira para usar novamente.

Para 1 torta para 8 pessoas   *Preparação: 20min*   *Repouso: 1h*

Massa podre

250g de farinha de trigo especial
125g de manteiga
1 pitada de flor de sal

4 colheres (sopa) de água
2 gemas

1 ••• Em uma tigela grande, peneire a farinha, coloque a manteiga bem fria cortada em pedaços pequenos e, por fim, acrescente a flor de sal. Misture com a ponta dos dedos até obter uma consistência de farofa.

2 ••• Quando a mistura estiver com consistência de farofa, acrescente a água e as gemas. Misture, tomando o cuidado de trabalhar a massa apenas durante o tempo necessário para que ela fique homogênea.
Se você possuir uma batedeira do tipo planetária, pode efetuar essas operações com a ajuda de um batedor "folha".

3 ••• Forme uma bola de massa e embrulhe em papel-filme; coloque-a em local fresco por no mínimo 1 hora antes de utilizar. Você também pode preparar a massa na véspera: será mais fácil de abrir.

Para 1kg de massa   Preparação: 30min   Repouso: 9h

Massa folhada

10g de flor de sal
250ml de água
75g de manteiga
+ 400g

500g de farinha de
trigo especial

1. ••• Coloque a flor de sal para dissolver na água em temperatura ambiente. Em uma panela pequena, derreta 75 gramas de manteiga em fogo brando.
Em uma vasilha, incorpore a mistura de sal com água à farinha e depois adicione a manteiga derretida. Misture com a ponta dos dedos até a massa ficar bem homogênea, mas sem trabalhar muito.

2. ••• Recolha essa massa (chamada destemperada). Coloque-a em uma forma quadrada de 15 x 15 centímetros e cubra com papel-filme. Leve à geladeira por 1 hora para que endureça.

3. ••• Coloque os 400 gramas de manteiga entre duas folhas de papel-manteiga. Usando um rolo de macarrão, amoleça-a, passando por cima dela.
Com a ajuda do papel-manteiga, dobre a manteiga sobre ela mesma e continue a amassar. Ela deve ter a mesma textura que a massa. Forme um quadrado de 15 x 15 centímetros.

Abra a massa para obter um quadrado de 30 x 30 centímetros, depois coloque o quadrado de manteiga no centro em diagonal. Embrulhe a manteiga dobrando os quatro cantos da massa sobre o centro para cobri-la.

4 ••• Depois dessa etapa, abra esse quadrado de massa para ficar com 60 centímetros de comprimento e dobre-o em três. Vire essa dobradura (a massa crua) rapidamente e abra de novo no outro sentido, deixando-a com 60 centímetros de comprimento, então dobre em três. Cada vez que você dobra a massa em três, obtém uma prega simples; dessa forma você deve obter sucessivamente 6 pregas simples. Então a cada 2 pregas deixe a massa descansar por 2 horas na geladeira.

5 ••• Quando acabar de fazer as 6 pregas, deixe a massa descansar por no mínimo 2 horas na geladeira, o ideal é deixar uma noite inteira. Conserve-a na geladeira até a hora de usar.

Preparação: 30min   Cozimento: 33min

Massa folhada caramelizada

1kg de massa folhada:
ver receita página 360
20g de manteiga

50g de farinha
para trabalhar a massa
150g de açúcar de
confeiteiro

1. •• Forre com papel-manteiga uma assadeira previamente untada com bastante manteiga; a folha deve aderir bem à assadeira por causa da manteiga espalhada nela.

2. •• Preaqueça o forno a 165°C.
Sobre uma superfície enfarinhada, abra a massa até que ela fique com 2 milímetros de espessura, dando a forma da assadeira.
Coloque a massa sobre a assadeira e cubra-a com uma folha de papel-manteiga e depois com uma grelha ou outra assadeira para evitar que ela cresça excessivamente durante o cozimento.

3. •• Leve ao forno e deixe assar por 25 a 30 minutos até que a massa esteja assada por inteiro e dourada.
Retire do forno e deixe esfriar.

4. •• Preaqueça o forno a 240°C. Polvilhe a massa assada com uma fina camada de açúcar de confeiteiro. Leve ao forno por 2 a 3 minutos, mas fique junto ao forno observando porque o cozimento é muito rápido. O açúcar derreterá. Retire a assadeira imediatamente do forno.

Conselho do Chef
Deixe a massa esfriar bem, antes de colocá-la de volta ao forno: assim o açúcar poderá caramelizar sem que a massa tenha tempo de cozinhar novamente e queimar.

Para 200g de massa   Preparação: 20min
Cozimento: 15 a 20min   Repouso: no mínimo 1h 20

Farofa doce de massa sâblée crocante

50g de manteiga
50g de farinha + 20g para trabalhar a massa
50g de açúcar semoule
50g de farinha de amêndoas
1 pitada de sal

1 ••• Corte a manteiga bem fria em pedaços pequenos. Em uma tigela grande, peneire a farinha, adicione a manteiga em pedaços, o açúcar semoule, a farinha de amêndoas e o sal.
Misture tudo entre as palmas das mãos até que a massa se incorpore inteiramente.

2 ••• Forme uma bola e envolva-a com um papel-filme.
Deixe descansar em local fresco por no mínimo 1 hora antes de usar.

3 ••• Sobre uma superfície enfarinhada, abra a massa com o rolo de macarrão até que ela fique com aproximadamente 5 milímetros de espessura.
Corte cubos com 1 centímetro de largura. Deixe em local fresco por 20 minutos para que a massa endureça.

4 ••• Preaqueça o forno a 150°C.
Sobre uma assadeira forrada com uma folha de papel-manteiga, disponha os cubos, tomando o cuidado de separá-los uns dos outros.
Leve ao forno e deixe assar por 15 minutos até ficar com uma bela cor dourada.
Deixe esfriar. Conserve em um recipiente hermeticamente fechado.

Conselho do Chef
Dessa forma, você também pode preparar a massa na véspera (etapa 1 e 2) e colocá-la para assar no dia seguinte.

Para 10 bombas ou deleites gastronômicos; ou 25 profiteroles pequenos ou salambos
Preparação: 20min   Cozimento: 3min

Massa choux

120g de farinha de trigo especial
100ml de leite
100ml de água
10g de açúcar semoule
1 pitada de sal
80g de manteiga
4 ovos inteiros

1. ••• Peneire a farinha. Em uma panela, ferva o leite, a água, o açúcar, o sal e a manteiga, depois retire do fogo.
Incorpore a farinha ao líquido, misturando rapidamente com uma espátula para homogeneizar a massa.
Coloque a panela de volta ao fogo brando e mexa bastante a massa por 1 minuto para "soltá-la".

2. ••• Transfira a massa para uma vasilha. Incorpore os ovos um a um, usando uma espátula, tomando o cuidado de misturar a cada adição deles.

3. ••• Quando a massa estiver homogênea, dê o formato que preferir: profiterole, bomba, salambo etc.

Para 750g de massa *Preparação: 25min* *Repouso: 5h*

Massa de brioche

280g de farinha de trigo especial
40g de açúcar semoule
5g de sal
10g de fermento biológico fresco
4 ovos inteiros
180g de manteiga

1 ••• Despeje a farinha em uma tigela grande. Coloque o açúcar e o sal de um lado e depois o fermento esmigalhado do outro. Atenção: o fermento não deve entrar em contato com o açúcar e o sal antes que você comece a misturar a massa, pois ele perderá as suas propriedades.

2 ••• Em uma tigela, bata os ovos como omelete. Despeje 2/3 dentro da tigela e misture tudo usando uma espátula de madeira; incorpore os ovos restantes aos poucos. A seguir, amasse a mistura com as mãos, até que ela descole das paredes da tigela. Incorpore a manteiga cortada em pedaços pequenos e continue a amassar até que a massa desgrude novamente das bordas.

3 ••• Transfira a massa para uma vasilha e cubra-a com um pano úmido ou um papel-filme e coloque-a em um ambiente fresco. Deixe-a dobrar de volume (aproximadamente 2 horas e meia).
Bata novamente para restituir o volume inicial, dobrando a massa sobre ela mesma.

4 ••• Então, coloque a massa na geladeira por 2 horas e meia; ela vai retomar o volume ao esfriar. Dobre-a novamente.
A massa está pronta para ser utilizada.

Conselhos do Chef

Se você possuir uma batedeira do tipo planetária, use-a para preparar essa massa usando o gancho. Essas quantidades são para 12 brioches individuais de 60g ou 14 de 50g. A receita também pode ser usada para preparar 24 minibrioches de 30g.

Para 600g de creme de confeiteiro   *Preparação: 30min*   *Cozimento: 5min*

Creme de confeiteiro

1 fava de baunilha
400ml de leite
4 gemas

80g de açúcar semoule
30g de amido de milho
25g de manteiga

Conselhos do Chef
Observe atentamente o leite no fogo para evitar que transborde. Tome também o cuidado de cobrir a panela quando colocar a baunilha em infusão para que a água não evapore: sem essa precaução, a receita pode dar errado porque o creme fica muito seco.

1. ••• Com uma faca, parta a fava de baunilha ao meio no sentido do comprimento e raspe o interior para extrair as sementes. Despeje o leite em uma panela, acrescente a fava e as sementes e ferva.
Retire do fogo, cubra imediatamente e deixe em infusão durante 15 minutos.

2. ••• Em uma tigela, bata as gemas e o açúcar até que a mistura fique levemente esbranquiçada. Adicione o amido de milho.
Retire a fava de baunilha do leite e o coloque novamente para esquentar até levantar fervura. Despeje 1/3 do leite quente sobre a mistura de gemas, açúcar e amido de milho e mexa com a ajuda de um fouet; despeje o líquido na panela. Ferva, mexendo com o fouet e tomando o cuidado de raspar as paredes da panela.

3. ••• Retire o creme do fogo e despeje-o em uma vasilha. Deixe esfriar por 10 minutos, até que continue quente. Adicione a manteiga, girando o recipiente. Cubra a vasilha com um papel-filme até o momento da utilização do creme.

Para 350g de creme de amêndoas   Preparação: 20min

Creme de amêndoas

100g de manteiga
100g de açúcar de confeiteiro
100g de farinha de amêndoas

10g de amido de milho
2 ovos inteiros
1 colher (sopa) de rum

1 ••• Corte a manteiga em pedaços pequenos e coloque-a em uma tigela grande. Amoleça-a no microondas ou em banho-maria sem deixar derreter, apenas para obter a consistência pastosa.

Conselho do Chef

Para que o creme de amêndoas tenha uma textura macia, prepare-o quando for usar.

2 ••• Adicione os ingredientes na seguinte ordem, tomando o cuidado de misturar bem a cada adição deles: o açúcar de confeiteiro, a farinha de amêndoas, o amido de milho, os ovos e o rum.

Para 325g de chantilly   Preparação: 10min

Chantilly

300g de creme de leite fresco
25g de açúcar de confeiteiro

1 ••• O creme de leite deve ser conservado na geladeira até sua utilização; é necessário que ele esteja bem frio para ser batido.

2 ••• Coloque uma bacia semiesférica em um freezer ou no congelador da geladeira para que congele.

3 ••• Despeje o creme frio na bacia congelada e bata rapidamente. Quando ele engrossar, adicione o açúcar e continue a bater até que o creme fique bem firme.

Para 500ml de creme inglês   *Preparação: 40min*   *Cozimento: 10min*

Creme inglês

2 favas de baunilha
250ml de leite
250ml de creme de leite fresco

6 gemas
100g de açúcar semoule

1 ••• Com uma faca, parta a fava de baunilha ao meio no sentido do comprimento e raspe o interior para extrair as sementes. Despeje o leite e o creme de leite em uma panela, acrescente as favas e as sementes e ferva.
Retire do fogo, cubra imediatamente e deixe em infusão durante 15 minutos.

2 ••• Em uma tigela, bata as gemas e o açúcar até que a mistura fique levemente esbranquiçada.
Retire as favas de baunilha da mistura de leite com creme de leite e coloque o líquido de volta ao fogo para ferver. Despeje 1/3 sobre a mistura de gemas com açúcar e mexa usando um fouet; despeje tudo na panela.

3 ••• Cozinhe em fogo brando, mexendo sem parar com uma colher de pau até que o creme engrosse. Ele não deve desgrudar da colher.
Atenção: esse creme não pode ferver (o cozimento deve ser a 85°C).

4 ••• Quando o creme adquirir uma consistência firme, retire imediatamente do fogo e despeje dentro de uma tigela grande para interromper o cozimento. Continue a mexer por 5 minutos para que o creme fique homogêneo.

Deixe esfriar e depois coloque na geladeira para servir bem frio.

Conselho do Chef

Se você deixar o creme cozinhar além do ponto,
irá formar grumos: são as gemas que começam a coalhar.
Para arrumar, despeje o creme na batedeira e
misture rapidamente até que fique homogêneo.
Se você misturar demais, o creme vai se liquefazer.

Para 400g de creme   *Preparação: 20min*   *Repouso: 20min*

Creme mousseline de pistaches

90g de manteiga
180ml de leite

2 gemas
50g de açúcar semoule

15g de amido de milho
60g de pasta de pistaches

1. ••• Retire a manteiga do refrigerador para deixá-la amolecer. Em uma panela, ferva o leite.

2. ••• Em uma tigela, bata as gemas e o açúcar até que a mistura fique levemente esbranquiçada. Adicione o amido de milho. Despeje 1/3 do leite quente sobre a mistura de gemas com açúcar e amido de milho; mexa, usando um fouet e depois volte o líquido para a panela. Deixe ferver, mexendo com o fouet, e tomando o cuidado de raspar as paredes da panela.

3. ••• Retire o creme do fogo, deixe esfriar por 10 minutos para que pare de borbulhar e, ainda quente, incorpore a metade da manteiga. Despeje o creme em um refratário, cubra com papel-filme e deixe esfriar. Ele deve ficar à temperatura ambiente (18/20°C). Se ainda estiver um pouco quente, coloque o creme na geladeira por 10 minutos para terminar de esfriar.

4. ••• Bata o creme mousseline na batedeira para homogeneizar; acrescente a pasta de pistaches e depois a outra metade da manteiga. Bata novamente para emulsificar e alisar o creme.

Para aproximadamente 850g de creme *Preparação: 30min* *Repouso: 20min*

Creme mousseline pralinê

185g de manteiga
380ml de leite
3 gemas

120g de açúcar semoule
35g de amido de milho

90g de massa de pralinê de amêndoas

35g de massa de pralinê de avelãs

1 ••• Retire a manteiga do refrigerador para deixá-la amolecer. Em uma panela, ferva o leite.

2 ••• Em uma tigela, bata as gemas e o açúcar até que a mistura fique levemente esbranquiçada. Adicione o amido de milho. Despeje 1/3 do leite quente sobre a mistura de gemas, açúcar e amido de milho: mexa, usando um fouet, e volte o líquido para a panela. Deixe ferver, mexendo com o fouet e tomando o cuidado de raspar as paredes da panela.

3 ••• Retire o creme do fogo, deixe esfriar por 10 minutos de maneira que ele pare de ferver e, ainda quente, incorpore a metade da manteiga. Despeje o creme em um refratário, cubra com papel-filme e deixe esfriar. Ele deve ficar à temperatura ambiente (18/20°C). Se ele ainda estiver um pouco quente, coloque-o durante 10 minutos no refrigerador para terminar de esfriar.

4 ••• Em uma vasilha, bata o creme mousseline com um fouet elétrico para alisar; acrescente os pralinês e a outra metade da manteiga. Bata mais um pouco para emulsificar e homogeneizar o creme. Utilize imediatamente.

Para 250ml   Preparação: 15min

Calda de morangos

300g de morangos
sem cabinhos
30g de açúcar semoule

2 colheres (sopa) de
suco de limão-siciliano
2 colheres (sopa) de água

1 ••• Utilizando um mixer, misture os morangos com açúcar até obter uma consistência líquida.

2 ••• Coe a mistura em uma peneira com a ajuda de uma colher: aperte e raspe para extrair a polpa e eliminar os aquênios (as sementinhas) dos morangos.
Para facilitar essa operação, despeje 2 colheres (sopa) de suco de limão-siciliano e 2 colheres (sopa) de água na peneira: dessa forma você pode aproveitar toda a polpa.

3 ••• Conserve a calda na geladeira.

Conselho do Chef
Essa calda pode tanto acompanhar um bolo de frutas quanto um sorvete de baunilha ou um sorbet de morango.

Para 250ml   Preparação: 15min

Calda de framboesas

300g de framboesa
30g de açúcar semoule

2 colheres (sopa) de
suco de limão-siciliano

3 colheres (sopa) de
água

1 ••• Utilizando um mixer, misture as framboesas com açúcar até obter uma consistência líquida.

2 ••• Coe a mistura em uma peneira com a ajuda de uma colher: aperte e raspe para extrair a polpa e eliminar as sementes de framboesas.
Para facilitar essa operação, despeje 2 colheres (sopa) de suco de limão-siciliano e 3 colheres (sopa) de água na peneira: dessa forma você pode aproveitar toda a polpa.

3 ••• Conserve a calda na geladeira.

Conselho do Chef
Essa calda pode tanto acompanhar um bolo de frutas quanto um sorvete de baunilha ou um sorbet de framboesa.

Para 250ml   Preparação: 15min   Cozimento: 5min

Calda de maracujá

1/2 banana
2 laranjas
20g de açúcar semoule
12 maracujás

Conselho do Chef
Infelizmente, nem sempre os maracujás são abundantes em suco; é por isso que temos de acrescentar o suco de laranja para aumentar a quantidade e a meia banana para incorporar à textura.

1 ••• Descasque a meia banana e corte-a em pedaços. Esprema as laranjas para extrair o suco.
Com um mixer ou em uma batedeira do tipo planetária, misture os pedaços de banana, o suco de laranja e o açúcar até obter uma consistência líquida.

2 ••• Usando uma colher, retire a polpa e as sementes dos maracujás.
Você tem a opção de deixar as sementes na calda – o resultado é puramente estético – ou de retirá-las. Nesse caso, coe a polpa em uma peneira, ajudando com uma colher: aperte e raspe para extrair a polpa e eliminar as sementes dos maracujás.

3 ••• Acrescente a polpa do maracujá ao suco e misture. Conserve a calda na geladeira.

Índice de receitas

AS RECEITAS COMPLETAS

- P. 88   Abacaxi assado
- P. 330   Abricotinhos
- P. 320   Amanteigados de coco
- P. 318   Amanteigados vienenses
- P. 160   Arroz doce
- P. 34   Barquetes de castanhas portuguesas
- P. 242   Beignets de framboesa
- P. 334   Bolachas champagne
- P. 276   Bolo de chocolate e laranja
- P. 272   Bolo de limão-siciliano
- P. 292   Bolo macio de chocolate
- P. 302   Bolo macio de laranja
- P. 38   Bombas de baunilha
- P. 42   Bombas de chocolate
- P. 230   Bostocks
- P. 228   Brioches doces
- P. 348   Café vienense
- P. 260   Cannelés bordelais
- P. 310   Caramelos moles de chocolate
- P. 350   Chá de frutas cítricas
- P. 190   Charlotte de framboesas
- P. 194   Charlotte de ruibarbo e morangos
- P. 266   Chaussons de maçãs
- P. 346   Chocolate quente
- P. 300   Clafoutis de cerejas
- P. 142   Crème brûlée de água de flor-de-laranjeira
- P. 284   Crepes
- P. 246   Crostoli
- P. 58   Deleites gastronômicos
- P. 206   Divino
- P. 200   Duquesa
- P. 250   Financiers
- P. 254   Financiers de pistache
- P. 296   Flan de confeiteiro
- P. 218   Harmonia
- P. 184   Intensamente chocolate
- P. 234   Kouglof
- P. 238   Kouign amann
- P. 324   Línguas-de-gato
- P. 12   Macarons de amêndoas
- P. 16   Macarons de chocolate
- P. 24   Macarons de framboesa
- P. 20   Macarons de limão
- P. 256   Madeleines
- P. 306   Marshmallow de morango com água de flor-de-laranjeira
- P. 338   Merengues
- P. 54   Mil-folhas de morango ou framboesa

P. 222	Mil-folhas pralinê	P. 116	Tortinhas crocantes de damasco ou cereja
P. 352	Milkshake	P. 112	Tortinhas de limão com coco
P. 96	Minestrone de frutas frescas com manjericão	P. 128	Tortinhas de maçã Élysée
P. 212	Morangueiro, framboeseiro	P. 132	Tortinhas de ruibarbo com morangos silvestres
P. 156	Mousse de chocolate		
P. 152	Ovos em neve	P. 314	Trufas de chocolate
P. 264	Pain (ou brioche) perdu	P. 340	Tuiles de amêndoas
P. 280	Pão de especiarias	P. 168	Verrines de maracujá e coco
P. 62	Paris-Brest individuais	P. 174	Verrines de pistache com cereja
P. 150	Potinhos de creme de rosas	P. 162	Verrines de rosas e framboesas
P. 46	Profiteroles de rosas	P. 178	Verrines Mont-Blanc
P. 146	Pudim de caramelo	P. 288	Waffles da casa
P. 328	Rochers de coco		
P. 100	Salada de frutas vermelhas mentoladas		AS RECEITAS DE BASE
P. 50	Salambos de pistache		
P. 30	Savarins	P. 384	Calda de framboesas
P. 76	Sorbet de framboesas	P. 385	Calda de maracujá
P. 78	Sorbet de queijo branco	P. 382	Calda de morangos
P. 86	Sorvete de castanhas portuguesas	P. 374	Chantilly
P. 82	Sorvete de chocolate amargo	P. 372	Creme de amêndoas
P. 72	Sorvete de pétalas de rosas	P. 370	Creme de confeiteiro
P. 68	Sorvete de verbena	P. 376	Creme inglês
P. 80	Taça gelada de chocolate liégeois	P. 380	Creme mousseline de pistaches
P. 75	Taça gelada de rosas com framboesas	P. 381	Creme mousseline pralinê
P. 84	Taça Ladurée	P. 364	Farofa doce de massa sâblée crocante
P. 92	Torrone glaceado com mel	P. 366	Massa choux
P. 104	Torta de abacaxi assado	P. 368	Massa de brioche
P. 124	Torta de maracujá com framboesas	P. 356	Massa doce de amêndoas
P. 120	Torta mascarpone de morangos	P. 360	Massa folhada
P. 108	Torta puro chocolate	P. 362	Massa folhada caramelizada
P. 136	Tortas Tatin	P. 358	Massa podre

Philippe Andrieu
Chef confeiteiro

Depois de um percurso cheio de viagens e marcado por Michel Bras, Philippe Andrieu se expressa plenamente nos bastidores da famosa maison Ladurée. Sua linha de conduta é o prazer e ele libera toda a sua criatividade ao combinar os sabores e as texturas (mole, derretendo, quebradiça, estalando, crocante...).

Foi cozinhando com a mãe e ajudando no serviço do restaurante da família que ele decidiu entrar para a Escola Hoteleira de Souillac, no Sudoeste da França, aos 15 anos de idade.

Uma coisa foi levando à outra: trabalhando na cozinha, ele adquiriu seu diploma de cozinheiro e, aos poucos, foi descobrindo sua paixão. Rapidamente, tomou gosto pelo rigor das bases da confeitaria e, por fim, ele obteve seu diploma de confeiteiro.

Philippe começou sua carreira em restaurantes gastronômicos como cozinheiro-confeiteiro.

Aos 20 anos, depois de quatro semanas de aula, ele cumpriu o serviço militar cozinhando no refeitório dos oficiais de Toulouse, como responsável pela cozinha.

Depois do exército, ele começou a trabalhar em restaurantes famosos como Michelin e Georges Blanc, e depois Michel Bras.

Foi no Michel Bras que ele chegou à criação. Ao lado do famoso Chef de Laguiole, ele se entusiasmou pelo biscoito de chocolate derretido, o mil-folhas de torrone marrom com manteiga e com o creme fromagère. Como na Europa a estação acaba junto com o verão, no inverno ele partiu para trabalhar no restaurante La Bourgogne Relais Châteaux de Punta del Este, no Uruguai. Durante três anos, ele dividiu sua carreira entre o Uruguai e a França.

Nos dois anos seguintes, ele abriu para uma escola francesa duas confeitarias na Coréia (Seoul e Pusan), uma em Hong Kong, uma no Cairo, e ainda garantiu demonstrações no Japão.

Mas o tempo de se estabelecer havia chegado, Philippe Andrieu adicionou seu toque de Chef confeiteiro à Ladurée e assumiu a direção dos laboratórios. Cuidando da logística, da administração e da formação permanente do pessoal, ele conseguiu fazer com que a confeitaria Ladurée evoluísse em toda sua diversidade gastronômica. Suas primeiras criações de macarons de chocolate e doces se tornaram os clássicos da maison Ladurée: torta de ruibarbo com morangos silvestres, bolo Harmonia ou Élysée, macaron de cassis-violeta, macaron de caramelo com aroma de flor de sal, bombons de chocolate com torrone marrom de favas de cacau, chocolate ao macaron...

Agradecimentos

A maison Ladurée agradece imensamente sua equipe, em particular Philippe Andrieu por suas receitas e criações, Bertrand Bernier pela organização geral enquanto responsável pelo Laboratório, Nicolas Ledoux e Willy Meunier pela preparação dos doces, Patrick Sallaberry e Stéphanie Vincent por escreverem as receitas, sem esquecer a participação dos vários supervisores Julien Christophe, Franck Lenoir, Rodolphe Benoit e Muriel Nau, assim como o serviço de comunicação Safia Thomass-Bendali, Aude Schlosser e Hanako Schiano.

Christèle Ageorges e Sophie Tramier agradecem Véronique Villaret por suas magníficas criações em porcelana.

Pinturas em papel e tecido: Au Fil des Couleurs/Mauny, Sanderson, Osborne and Little, Les Beaux Draps de Jeanine Cros, Brunschwig et Fils, Designers Guild, Canovas, Farrow and Ball, La Cerise sur le Gâteau

Louça: Véronique Villaret, The Conran Shop, Astier de Villatte, Mis en Demeure, Sandrine Ganem, 107 Rivoli, Le Bon Marché, Reichenbach, Wedgwood, Tsé-Tsé/Sentou Galerie, Christiane Perrochon/La Forge Subtile, Laurence Brabant, Caroline Swift, La Boutique, Jars Céramiques, Marc Albert/Ateliers d'Art, Marie Verlet Nezri

Pinturas: Tollens

Frisos: Sedap

Flores: Marianne Robic

Glossário

Bavaroise (creme) – Creme originário da região bávara, que faz fronteira com a França, a Alemanha e a Suíça. Feito à base de creme de leite fresco batido, gelatina, creme de frutas ou chocolate, esse creme é perfumado com licores e essências. Sua consistência é cremosa, entre a de um pudim firme e a de uma mousse.

Bostock – Variação do brioche que leva calda, creme de amêndoas e amêndoas laminadas.

Cannelés Bordelais – Bolinhos originários da cidade de Bordeaux, no Sudoeste da França. São assados em pequenas formas até ficarem bem dourados e crocantes por fora e úmidos por dentro.

Charlotte – "Carlota" em português. Sobremesa que surgiu no final do século XVIII, cujo nome foi dado em homenagem à Carlota de Mecklemburgo-Strelitz, mulher do rei George III, da Inglaterra. Em sua preparação é utilizada uma forma redonda revestida de biscoitos tipo champagne, preenchida com camadas (em geral de creme de leite e de frutas) e servido frio.

Chaussons – "Pantufa" em português. Torta de maçã feita com massa folhada e com formato semicircular.

Choux (massa) – Massa básica da confeitaria francesa, similar a uma pasta. Cozida, é leve; depois de assada e dourada no forno, torna-se oca, podendo então ser recheada com ingredientes salgados ou doces.

Clafoutis – Doce tradicionalmente feito com cerejas, em que as frutas são cobertas com massa de crepe. É assado e servido quente, algumas vezes com creme.

Crème Brûlée – Sua tradução literal seria "creme queimado". É feito à base de leite, gemas e açúcar. Pouco antes de ser servido, tem sua superfície polvilhada de açúcar queimado rapidamente com uma salamandra, colher quente ou maçarico de cozinha. A superfície caramelizada torna-se quebradiça, criando um contraste com o miolo macio e frio.

Dentelle (crepe) – Crepe delicadamente laminado, de massa bem fina e crocante.

Financiers – Pequenos bolinhos, tradicionalmente assados em forminhas retangulares. Uma das teorias a respeito do nome "financeiro" é que é devido ao seu formato retangular, que parecia com pequenas barras de ouro.

Kouglof – Originário da Áustria, várias palavras designam esse pão: kugelhopt, kougelhof, gougelhopt ou kouglof, todas derivadas da palavra alemã *kugel*, que significa bola. Atribui-se a popularização do kouglof em Paris ao Marie-Antoine Carême, confeiteiro francês do século XVIII, que ganhou a receita do chef do Prince Schwarzemberg da Áustria. Esse pão, comum na região da Alsácia, é muito apreciado em datas comemorativas como a Páscoa e o Natal.

Kouign Amann – Bolo típico da região da Bretanha, de tamanho e forma parecidos com o de uma torta. Feito com grandes quantidades de açúcar e manteiga, em seu topo forma-se uma camada crocante e dourada e seu interior é leve, aerado e amanteigado. O nome originário da língua Celta significa bolo (*kouign*) e manteiga (*amann*).

Liégeois – A palavra refere-se à sobremesa *café liégeois*, feita com café, sorvete de café e creme chantilly.

Macaron – Petit four cujos ingredientes básicos são: clara de ovos, açúcar e farinha de amêndoas. Sua origem é duvidosa: uns alegam que é um produto da Itália surgido no período Renascentista (*macaroni* significando massa, em italiano) e outros afirmam que é um tributo à França, levado pelos cozinheiros italianos de Catarina de Médicis ao se casar com Henrique II, em 1533. O macaron que conhecemos hoje foi criado por Pierre Desfontaines – dono da Maison Ladurée – que no início do século XX teve a ideia de rechear dois macarons com creme ganache, criando uma verdadeira instituição francesa.

Mousseline – Nome genérico dado a qualquer molho ou outra especialidade (brioche por exemplo) que, para ganhar uma consistência aerada, é batido com creme de leite fresco ou ovos.

Nanterre – Variação do brioche em que a massa crua é separada em mais de uma parte e colocada em uma mesma forma. Ao crescer e assar, as massas se juntam e se entrelaçam, resultando em uma aparência diferente comparada ao tradicional brioche.

Pain Perdu – Consumido na França desde o século XVI, seu nome significa "pão perdido", pois é uma forma de reaproveitar o pão velho que ressecou. É feito a partir de fatias de pão mergulhadas em ovos batidos e, então, fritas até ficarem douradas de ambos os lados. É geralmente servido com geleia, xarope ou polvilhado com açúcar.

Paris-Brest – Sobremesa criada para homenagear uma competição de bicicleta entre as duas cidades. É elaborada com massa choux em forma de círculo (como uma roda de bicicleta).

Quatre épices – Mistura picante composta por pimenta-do-reino branca, cravo, gengibre e noz-moscada.

Sâblée (massa) – Uma das massas mais utilizadas para confecção de tortas e outras sobremesas da culinária francesa. Seus ingredientes são farinha de trigo ou farinha de amêndoas, ovos e manteiga, podendo ser aromatizada com baunilha.

Salambo – Pequeno bolo feito com massa de sonho, recheado com creme chantilly aromatizado. Foi criado em 1890 para comemorar o sucesso da ópera *Salammbô*, de Ernest Reyer, baseada no livro de Gustave Flaubert.

Savarin – Bolo em forma de um grande anel, que leva massa semilíquida com levedo, ficando muito fofa depois de assada. Foi batizado em homenagem a Brillat-Savarin, brilhante gastrônomo francês do século XVII-XVIII.

Semoule (açúcar) – Tipo de açúcar cristal ultrarrefinado.

Tarte Tatin – Torta de maçã caramelizada, polvilhada com açúcar e entremeada com manteiga. A massa vai sobre o recheio e, depois de assada, ela é virada.

Tuiles – "Telha" em português. Tipo de biscoito bem leve, fino e crocante que tradicionalmente leva amêndoas laminadas. Pode ser feito em diversas formas, cores e tamanhos e acompanha qualquer tipo de sobremesa, servindo até para decoração de tortas.

Viennoiseries – A palavra *viennoiseries* seria derivada de Viena, capital da Áustria; sitiada pelos turcos em 1683, conta a lenda que a cidade foi salva pelos padeiros que, trabalhando durante a noite, ouviram os barulhos dos inimigos tentando cavar túneis para invadi-la. Surpresos, os invasores não tiveram outra opção: recuar. Para celebrar a vitória, os padeiros inventaram o croissant que, com sua forma semicircular, remete ao símbolo do Império Ottomano. Porém há controvérsias, pois o croissant teria existido na Áustria desde o século XIII. Com o tempo, as *viennoiseries* passaram a designar todos os doces cuja fabricação é similar à do pão, mas que levam ingredientes mais ricos em gordura ou açúcar.